.

Persona altamente sensible

El poder oculto de una persona que siente las cosas con mayor profundidad y lo que una PAS puede hacer para prosperar

Tabla de contenidos

Introducción

Qué bueno que haya tomado la decisión de abrir la portada de este libro esclarecedor. Estará al tanto de algunas perspectivas inusuales y diferentes sobre las personas altamente sensibles (PAS).

Ha notado que hay una diferencia entre vivir y estar vivo. Mientras tanto, para comprender mejor este aspecto de la vida en lo que respecta a ser una PAS, se expondrán varios escenarios que aclararán sus dudas.

No está mal no saber dónde se encuentra en el mundo de las personalidades, pero seguramente llegará a una conclusión sólida una vez que haya pasado por el primer capítulo, en el que se le guiará para comprender los rasgos y hábitos que constituyen una personalidad altamente sensible. Esto le ayudará a aclarar las cosas.

Prepárese para identificarse con algunas de las experiencias del libro y, al mismo tiempo, adquirir un amplio conocimiento de experiencias nuevas o extrañas respecto a sus sentimientos y su trato con las personas.

No importa si eres un principiante. El libro está escrito de manera simple y completa para ayudar incluso a las personas menos informadas a comprender la personalidad altamente sensible.

No debería sorprendernos que un día se encuentre analizando ciertos escenarios y conceptos bajo una luz diferente. Este libro, único entre los demás, analiza los sentimientos y rasgos más íntimos de las personas altamente sensibles.

No le deja solo con sus pensamientos. Lo guiará a través de cada etapa para ayudarlo a comprender mejor por qué un sentimiento en particular *ES lo que es.*

Profundice, reflexione, conecte y prepárese para ser una persona más sensible que no solo se mueve según lo exigen las situaciones, sino alguien que prospera y navega hacia el desarrollo personal contra todo pronóstico.

Capítulo 1: ¿Es usted una persona altamente sensible?

Supongo que está leyendo este libro en un intento de descubrir más sobre usted mismo o sobre otra persona que crees que podría encajar en la descripción de una Persona Altamente Sensible (PAS). ¿Pero qué significa exactamente eso?

La mayoría de las veces, las personas que atraviesan una condición psicológica apenas lo saben, y solo unos pocos saben completamente lo que implica y cómo manejarlo. Este libro ofrece un reconocimiento rápido de estas condiciones.

La Dra. Elaine Aron acuñó el término "persona altamente sensible" en los años 90, y aproximadamente el 20 % de la población mundial posee este rasgo. Es una persona con un sistema nervioso central agudizado. Esto significa que la persona siente las cosas (tanto física como emocionalmente) con más intensidad que otros y responde tanto a los estímulos internos como externos.

La ciencia ve a una típica PAS como una persona con sensibilidad de procesamiento sensorial. Esto se refiere principalmente al cerebro, más que a los sentidos. Este rasgo no es como el sexto sentido de Spiderman, sino que tiene que ver con la capacidad de su cerebro para lidiar con el material con mayor intensidad.

¿Se siente susceptible a los sonidos fuertes, las luces brillantes o los olores fuertes? ¿Procesa la información en profundidad antes de responder? ¿Siente las emociones (tanto las suyas como las de los demás) con fuerza o es más sensible a los efectos de la cafeína, el alcohol, los medicamentos, el dolor o el hambre? Si es así, debe sentirse interesado en este viaje de autodescubrimiento.

Algo muy destacable es que las PAS nacen así, es un rasgo innato y genético más que un diagnóstico médico o psicológico. Esto significa que este rasgo no es un problema o defecto, pero al igual que tener el cabello rubio u ojos azules, tiene sus ventajas y desventajas.

Una persona altamente sensible (PAS) podría confundirse con un empático o un autista, pero sus rasgos no giran solo en torno a la empatía. Si bien el autismo y las PAS pueden superponerse en muchas áreas, son diferentes.

Lo mejor para usted es marcar las casillas correctas usted mismo, así puede aprender en qué parte del espectro se encuentra.

Profundicemos en lo que hace que un individuo sea sensible.

1. Consciencia de sucesos sutiles

Esta es sin duda una de las características más notables de alguien con esta habilidad. Dado que sus sentidos se intensifican, nota un cambio en diferentes aspectos del entorno, como sonidos leves, decoración, aromas y emociones. Además de notar estos cambios, a menudo reacciona ante ellos.

Desde el aroma del café recién hecho hasta la sensación incómoda que siente cuando está en una habitación que está a medio pintar.

La razón es que su mente reacciona de manera diferente y posee más ínsula. Esta es la parte del cerebro que mejora la autoconciencia. A partir de una observación cuidadosa, las PAS dejarán de hacer lo que están haciendo y pensarán en su próximo movimiento. No actúan en ese momento, en cambio, necesitan tiempo para digerir cualquier problema que enfrenten.

La razón es que están recibiendo más información de su entorno y su contacto con otras personas. Sienten más y necesitan digerir todo esto. Por lo tanto, si cree que "siente demasiado" o que "se toma las cosas demasiado en serio", es posible que sea una persona altamente sensible. Pero eso no es todo.

2. Siente una fuerte aversión por la violencia y la crueldad

Debido a que sienten las cosas más profundamente que los demás, a menudo reaccionan más fuerte ante cualquier forma de violencia o crueldad. Es simple, sus niveles de tolerancia a la agresión son muy bajos porque no solo lo perciben, sino que parecen estar *experimentándolo* también.

Si usted es una PAS, es posible que no pueda sentarse a ver una película de guerra completa sin sentirse mal del estómago o traumatizado, simplemente porque atraviesa el dolor de las víctimas como si fuera suyo. Aunque los niveles de tolerancia a la violencia varían entre las distintas PAS, generalmente son bajos.

Esto podría ocurrir por varias razones:

-Sus neuronas espejo (la parte del cerebro que permite a las personas percibir lo que ven) son más activas. Significa que cada vez que presencia actividades, las experimenta como si le estuvieran sucediendo directamente a usted.

-No solo observa, también comprende. Alguien con una mente muy sensible experimenta el mundo con pasiones fuertes y distintivas. Esto afecta sus reacciones a lo que ve u observa. Una persona altamente sensible se sentirá terrible e incomodado frente a visiones sangrientas.

-Las emociones duran más que el acontecimiento. Si bien muchas personas pueden sorprenderse de inmediato al ver una película de terror o experimentar una situación aterradora, lo superan poco después, pero este no es el caso para las PAS. Para ellos, superar esas emociones es casi imposible. Es más probable que sientan los efectos emocionales durante mucho tiempo. Es posible que sigan sintiendo el dolor varios años después cuando alguien o algo les recuerda aquel evento.

-Su sueño puede verse afectado. Todo lo que te quite el sueño no es bueno para tu cuerpo y tu estilo de vida. Todo el mundo necesita dormir, dormir es muy importante porque es necesario descansar y recargar energías para el día siguiente y toda la sensibilidad que eso conlleva. Si presenciar un evento sangriento o ver películas aterradoras le quita el período de descanso (porque procesa repetidamente la información que recibió), es hora de reconsiderar las películas de terror y las situaciones desconcertantes.

-No puede controlarlo. Muchas personas tienen la habilidad de bloquear aquello con lo que no quieren interactuar: sonidos, imágenes y todo lo demás. Esta habilidad choca directamente con la capacidad de sentir, por lo que no tienen la opción de bloquear las imágenes que han visto. Su cerebro sigue reproduciendo los eventos y podría ser traumatizante, por lo que está claro por qué la violencia es un gran disparador.

3. Desempeño deficiente bajo presión

Trabajar bajo presión también puede generar problemas para alguien que padece esto, ya que la estimulación que sufre proviene de muchas fuentes. La intensidad de tener que hacer las cosas en un plazo determinado las hará sentir mucho más sensibles.

Por lo general, están demasiado ansiosos cuando emprenden una tarea con una fecha límite. Incluso la toma de decisiones básica es a menudo muy agotadora para ellos debido a todo el pensamiento involucrado, y luego tener que hacer todo eso con un horario en mente se vuelve aterrador.

La presión que conlleva que se le dé una fecha límite ciertamente podría obstaculizar por completo el progreso de la tarea. En este punto, comienza a dudar de sí mismo y de sus habilidades para cumplir, y probablemente imagina el peor de los casos (que no puede entregar la calidad que espera de usted en el tiempo esperado).

La Dra. Elaine Aron, autora del libro "La persona altamente sensible", confirma que a menudo tienen dificultades cuando se enfrentan a fechas límite y se sienten presionados para completar una tarea. Esto se debe a la profundidad de pensamientos que le da al proceso.

Puede notar que está pensando demasiado y, por lo tanto, descubrir que pierde la noción del tiempo o incluso notar que su mente está sobreestimulada cuando hay muchas cosas a su alrededor.

4. Percepción

Cuando piensa profundamente en los detalles, tiende a comprenderlos mejor y, por tanto, afronta esas situaciones mejor que las alternativas. Les resulta fácil comprender estas ideas porque casi nunca las ven como valores superficiales. Al contemplar una obra de arte, usted no se limita a mirar y decir: "¡Vaya, es precioso!", sino que quiere descubrir qué técnica se ha utilizado, por qué y qué mensaje ha querido transmitir el artista.

Otros ven esto como algo perspicaz y buscan ayuda y consejo de quienes lo rodean que posean esta habilidad. Esto es aún más pronunciado en personas extrovertidas porque son más vocales con sus opiniones y compartirán sus pensamientos en profundidad con cualquier otra persona que los escuche.

5. Mantenerse solo

Es uno de dos factores: O entiende el deseo de tomar un descanso de los eventos que lo provocan, o quiere recargar su fuerza interior, que parece disminuir constantemente. Solo aguante, la razón está surgiendo ahora mismo. Sin embargo, mantener sus problemas en privado no significa que sea introvertido. Por lo general, precisa tiempo para procesar la información.

La explicación científica para las PAS que necesitan mucho espacio, según el Dr. Aron, es que el cerebro de esta población procesa el conocimiento más profundamente al relacionarlo y compararlo con información similar recibida antes. Y esto será abrumador porque es como pensar en varias recetas para la misma comida repetidamente. Por lo tanto, es esencial tener suficiente tiempo de inactividad (preferiblemente solo) para recuperarse de la "sobreestimulación" y digerir sus experiencias. Con esta habilidad, no siempre prefiere estar en medio de la acción.

6. Absorber las emociones de otras personas

Piense en usted mismo como una esponja que no puede evitar absorber la humedad de otras personas (en este caso, sus deseos), dejándolo empapado e incapaz de hacer sus cosas como quiere. Este es exactamente el caso de una PAS.

Puede sentir fácilmente el estado de ánimo de quienes lo rodean sin que ellos tengan que decírselo, y esto a menudo lo obliga a entrar en ese estado de ánimo, es decir, cuando los que lo rodean están felices, usted también, y cuando su estado de ánimo cambia, también el suyo.

7. Baja tolerancia al dolor

Comprender por qué las PAS son muy sensibles al dolor es simple: dado que están abrumadas por diferentes emociones, el dolor físico es lo último que querrían experimentar, y una vez que lo hacen, es casi imposible manejar la situación.

Ya sea el pinchazo de una aguja o un golpecito demasiado doloroso en la espalda, lo nota mucho más que otro, lo que podría hacerle ganar el calificativo de "demasiado débil" o "dramático", pero es algo normal en las PAS. Además, sientes las cosas más profundamente que los demás, por lo que el dolor se magnifica.

8. Se asusta con facilidad

Son naturalmente muy nerviosos y se necesita poco para asustarlos. A esto se le llama tener un alto "reflejo de sobresalto" porque, incluso en situaciones tranquilas, sus nervios están a flor de piel. Solo se necesita un toque para provocarlos. Además, los sonidos fuertes o repentinos seguramente los harán tropezar.

Si tiene este rasgo, podría ser una de las razones de su completo odio hacia cualquier forma de violencia o crueldad. La mente de una PAS no quiere desentrañar eventos de miedo en películas o cualquier otro medio, lo que se puede evitar fácilmente.

9. Reacción a los estimulantes

Las PAS son naturalmente muy sensibles al consumo de cafeína, alcohol, drogas u otros estimulantes. Esto se debe a que su sistema nervioso ya está estimulado, por lo que una pequeña ingesta de estimulantes podría provocar más entusiasmo de lo previsto.

Una PAS confesó una vez que era adicta a la cafeína, pero la única diferencia entre ella y otros adictos a la cafeína era que cada vez que tomaba una taza de café, estaba extremadamente energizada (como si estuviera drogada). Cuando los efectos desaparecían, se sentía tan cansada como alguien que no había dormido, incluso después de ocho horas seguidas de sueño, por lo que tenía que seguir repitiendo el ciclo. No solo estaba cansada, sino que también estaba emocionalmente agotada y deprimida cuando tuvo que superar su adicción.

La cafeína destinada a mantenerlo despierto y mentalmente alerta inducirá niveles de respuesta de estrés inaceptables y, dado que sus niveles ya son naturalmente altos, solo aumenta su ansiedad y agitación. ¿Cuánta estimulación más puede soportar?

10. Pensador profundo

La mayoría de las veces, las PAS van más allá de la superficie para evaluar situaciones y personas. Esto proviene de su hábito de reflexionar sobre las experiencias de vida de una manera que otros pueden pasar por alto. Aun así, debido a que estos elementos activan automáticamente la estimulación, se darán cuenta de que analizan y procesan la información en profundidad.

Como PAS, también piensa en las cosas repetidamente. Podría ser un partido de fútbol que vio con sus amigos, repasando los detalles del juego repetidamente: los goles, las oportunidades, las asistencias, los penaltis e incluso las tarjetas que dio el árbitro.

La desventaja de esto es que podría conducir a un pensamiento negativo excesivo, lo que podría impedirle una correcta toma de decisiones.

11. Pensador creativo/visionario

Además de procesar la información en profundidad, son muy imaginativos. Para los niños, lo más probable es que tengan amigos imaginarios o un mundo imaginario dentro de sus cabezas a donde van para escapar de las realidades de la vida o, en general, donde se sienten más vivos.

Para los adultos, podría traducirse en soñar despiertos o idear más allá de las circunstancias físicas, como imaginar la configuración de su propia empresa mientras todavía trabaja como asistente en una organización. Esto podría ayudar con el procesamiento y la planificación de la información, especialmente si el pensamiento excesivo no entra y se roba el espectáculo.

12. Meticuloso

Esto también podría deberse a ser un pensador profundo y cuidadoso. Alguien con esta habilidad es más meticuloso que cualquier otra persona. Es muy probable que muestre un cuidado extremo incluso por los detalles más pequeños.

Les importa demasiado el impacto de sus decisiones y las decisiones de otras personas. A veces les importa cómo los demás pueden percibir sus acciones porque están obligados a pensar las cosas de principio a fin. Es un ciclo interminable de "qué pasaría", "por qué", "cuándo" y "cómo".

13. Problemas para lidiar con el cambio

Al ser una PAS, naturalmente uno preferiría estar rodeado de las mismas personas y entornos porque, al menos, sabes qué esperar de lo familiar. Por lo tanto, un cambio en estas variables probablemente desencadenará sentimientos reactivos muy negativos. También están tan acostumbrados a sus horarios y rutinas que un ajuste a esto podría distorsionar todos sus procesos de pensamiento y otros aspectos, por ejemplo, su actitud y preocupaciones.

14. Malentendidos

Una típica PAS suele malinterpretarse porque otros individuos parecen no comprender por qué sus reacciones son "más dramáticas"; que las de las personas "normales". La alta sensibilidad a veces recibe otros nombres, como ser tímido, ansioso o antisocial, pero este no es el caso. Sienten a menudo que sus nervios están al límite. Es confuso tratar de explicar a los demás cuando solo intenta entender por qué su mente funciona de esa manera.

La Dra. Elaine Aron, psicóloga y colaboradora clave de la investigación de PAS, dijo que una de sus pacientes fue etiquetada como persona con problema mental por sus seres queridos, y llegó al punto de creerlo y cuestionar su cordura.

Si siente que muchos de estos rasgos describen su personalidad, entonces probablemente sea una persona altamente sensible, pero incluso si solo puede identificarse con unos pocos, también podría ser una. Al igual que cualquier otro rasgo inherente a los humanos (un ejemplo es ser rubio o zurdo), varían en sus niveles de expresión y exhibición, pero tienen hábitos que giran en torno a los mencionados aquí.

A estas alturas, marcar las casillas correctas debería haberle dado una conclusión sobre si es una PAS y está listo para pasar a la siguiente fase de este proceso.

Capítulo 2: Los pros y los contras de ser una PAS

Ahora que se ha identificado como una persona altamente sensible o ha descubierto que no lo es, debe saber que el rasgo no es algo negativo, pero, al igual que casi cualquier otra cosa en este mundo, hay dos caras de la misma moneda. Las personas, incluidas las PAS, tienden a centrarse más en los aspectos negativos de las cosas, pero poseer una alta sensibilidad no es algo malo.

No significa que uno sea débil o dramático; tampoco significa que uno tenga problemas mentales. Simplemente se manifiesta como la capacidad de sentir y procesar información más profundamente que otros, lo que podría significar muchas cosas, incluso algo positivo.

Centrarse solo en los aspectos positivos no solo sería poco práctico, sino también potencialmente perjudicial. Deben saber que sus rasgos tienen sus desventajas, pero que podrán manejarlas bien si cuentan con los datos necesarios.

Cualquiera que quiera entender cómo maximizar este rasgo debe primero conocer y comprender los aspectos positivos y negativos del mismo, y hacer que funcionen para su propio bien. De la misma manera, para saber cómo lidiar con ellos es necesario comprender lo bueno y lo no tan bueno de una manera más integral.

Los Pros

Estas son las fortalezas asociadas a ser una persona altamente sensible. Se ha descubierto que procesar información intensamente viene con sus beneficios, a pesar de estar demasiado ocupados tratando de descifrarse a sí mismos como para siquiera notarlos o aprovecharlos. La vida debe vivirse en su totalidad, por eso es necesario que conozcas estos beneficios por ti mismo.

1. Atención al detalle

La capacidad de las PAS para prestar mucha atención a los detalles minúsculos rápidamente les ayuda a detectar cosas que podrían salir mal e intentar cambiarlas. También les resulta fácil leer las emociones más leves de las personas durante las conversaciones o interacciones generales.

Este rasgo los convierte en excelentes empleados, amigos y colegas. Saben cuando hay algo mal con un amigo, incluso si no está dispuesto a abrirse al respecto, y tratan de hacer las cosas bien. También notan rápidamente cualquier vacío legal dentro de un contrato que podría crear un problema. Si bien es posible que las personas no vean lo útil de esta habilidad, es útil durante su vida y es un rasgo que estas personas poseen en abundancia. Ni siquiera tienen que intentarlo.

Una PAS no pasa por alto lo que todavía se puede mejorar. Algunos llaman a esto ser un "perfeccionista", no tiene que ver con querer impresionar, sino que es el resultado de una gran sensibilidad a incidentes sutiles.

2. Creatividad

El cuidado y la consideración que ponen en su trabajo no impide que su creatividad se revele. Más bien, le da un impulso. Debido a que tienen un mundo interior lleno de tanta vida, su creatividad brota sin esfuerzo.

Tienden a usar su imaginación y su consideración sirve para orientar sus ideas, lo que da lugar a algo hermoso y significativo. Por ejemplo, un escritor PAS pone más cuidado en el significado de cada palabra para ayudar al lector a comprender mejor y disfrutar el trabajo. Su imaginación activa puede ayudar a crear una hermosa historia que mantendrá al lector inmerso en lo que está leyendo y con ganas de más.

Además, los niños con alta sensibilidad pueden tomar experiencias que hayan tenido, combinarlas con sus ideales y crear mundos imaginarios en sus cabezas que pueden hacer que el tiempo de juego sea un asunto agradable.

3. Gratitud por las pequeñas cosas

Este rasgo es algo bueno que proviene de prestar mucha atención a los detalles. Puede encontrarlos felicitando a un organizador de eventos por la elección de cubiertos o manteles en una fiesta (cosas que otros ni siquiera notan). Además, conocen la naturaleza, y una simple salida o puesta del sol podría darles una gran satisfacción y no solo un recuerdo "digno de una foto".

Incluso los pequeños gestos de amor o bondad no pasan desapercibidos para ellos. Un dulce beso en la frente o un reconfortante apretón de manos podrían ser todo lo que necesitan para ver la luz al final del túnel. Escuchar una hermosa melodía podría traer un recuerdo preciado que hace que uno esté agradecido por la vida y todo lo que ofrece. En resumen, estas personas saborean cada momento de la vida.

4. Empatía

Aunque se ha demostrado que la empatía no es un rasgo de las PAS, es una característica muy notable de ellas que se refiere a su capacidad para sentir las emociones de los demás como si fueran propias. Dado que una típica PAS posee un procesador de información más intenso, señales como una sonrisa débil, pérdida repentina del apetito, silencio inusual o un gesto nervioso con la mano de otra persona podrían encender una alarma inmediatamente dentro de la mente de una PAS. Luego tratarán de asegurarse de que pueden ayudar a la persona con lo que sea que esté enfrentando.

Si somos honestos, ese es el amigo que todos quieren, alguien a quien no tiene que contar sus problemas antes de que intenten encontrar una solución, y alguien que pueda identificarse con los dolores que está sintiendo, incluso sin haberlos experimentado antes.

5. Autoconsciencia

Naturalmente, si usted es muy sensible, también resultará ser muy consciente de sí mismo. Ya sea que hayan nacido así o que lo hayan aprendido en algún punto del camino, desarrollan la capacidad crítica de examinarse a sí mismos. Esto se debe a que tienden a pensar profundamente en las cosas. Quieren saber por qué sienten las cosas de la manera en que las sienten y por qué los demás no consiguen identificarse.

Aquellos que nacen con la habilidad innata de sentir las emociones más profundamente se encuentran más sintonizados con sus propias emociones. Pueden mirarse a sí mismos sin prejuicios y comprender por qué otros podrían no sentirse identificados con lo que están pasando.

Fácilmente reconocen que sienten las cosas de manera diferente a los demás, y esto los hace más conscientes de su singularidad. Esta situación también les ayuda a saber cómo abrirse a los demás sobre su lado sensible para ayudar a otros a comprenderlos mejor.

6. Capacidad para vincularse

Aunque no se sientan cerca de tantas personas, saben cómo formar vínculos con aquellos que encuentran dignos. Puede que les tome un tiempo abrirse a los demás, pero una vez que lo hacen, saben cómo nutrir sus relaciones, especialmente debido a su naturaleza empática.

Además, debido a que son autoconscientes, valoran a las personas que les permiten expresarse cuando están juntos. Funciona de esa manera. Si usted conoce a alguien esté dispuesto a comprenderlo y relacionarse con usted sin hacerlo sentir extraño, lo valorará e intentará devolverle esa energía. Otro motivo por el cual estas personas son una excelente opción cuando se buscan amigos verdaderos.

Los Contras

No podemos engañarnos a nosotros mismos y decir que hay solo una perspectiva del asunto. Para lograr un equilibrio, debemos conocer las desventajas de este rasgo, ya sea como PAS o como alguien que quiera saber más sobre ellas. Estos son rasgos inherentes que no podemos cambiar, pero debemos aprender a aprovecharlos al máximo. Sí, es posible aprovechar al máximo las cosas negativas, pero primero aprenderemos cuáles son.

1. Llanto excesivo

A pesar de que no quieren ser vistos como "bebés llorones" (¿quién quiere eso?), se comportan así porque siempre están abrumados por sus emociones.

Ya sea una escena de ojos estrellados en una película o un mal día en el trabajo, las situaciones emocionales son más abrumadoras para ellos.

2. Cambios de humor

Este es un área en el que se los malinterpreta bastante. Con muy poca cosa pueden pasar de una actitud positiva a un estado profundamente abatido. El estado de ánimo del entorno y las personas que lo rodean desencadenan fácilmente emociones similares en ellos, y esto no siempre es agradable.

Imagínese a un amigo suyo, riendo durante toda la película y de repente recibe una llamada, corta y lo deja sumido en el silencio. Luego, se levanta y le dice que tiene que irse sin explicación, habiendo *prometido* quedarse dormir en su casa. Su reacción inicial podría ser de sorpresa, por el cambio de ánimo repentino en su amigo.

Digamos que decide llamarlo porque quieres saber qué sucedió, y él le dice que su supervisor de proyecto llamó para informarle que el plazo para su presentación se adelantó, por lo que tuvo que irse para seguir trabajando en él. Le asegura que todo estará bien y le dice adiós.

Lo que quizás usted no sepa es que la llamada lo desorientó y aplastó su espíritu alegre, por lo que tuvo que retirarse en su caparazón y pensar en su próxima jugada (que era cuando no estaba hablando con usted) y luego optar por irse a trabajar en un entorno en el que no se distraiga. Él no sabía cómo manejar mejor la situación, porque sus emociones estaban por todos lados. La diferencia es que usted no ve eso como un problema, porque ya ha tenido muchos cambios de fecha límite antes y nunca se asustó de esa manera.

Para muchas personas, puede parecer que estas personas son inestables o simplemente no pueden tomar las cosas de modo más leve. Bueno, es difícil hacer eso cuando tu antena emocional está por todas partes. Y este es solo un ejemplo.

3. Toma de decisiones

Decidir siempre parece la tarea más abrumadora para la típica PAS. Esto se debe a la tendencia a pensar demasiado las cosas. Desde elegir un bocado para el almuerzo hasta decidir una carrera profesional de por vida, cada decisión los agota mentalmente. Esta experiencia podría ayudarlo a comprender la dinámica de cada opción, pero también podría ser completamente innecesaria para algo tan insignificante. Aunque recuerde, ¡toman nota de TODO!

Cuando lo que otros consideran una decisión trivial lo aterroriza, no solo se lo ve como una persona diferente, sino que también está desperdiciando la emoción de correr un riesgo. La vida no siempre se trata de movimientos calculados y perfección, sino de explorar las diferentes facetas del viaje sin tener miedo de cometer errores. Después de todo, son parte del paquete.

Algunos incluso han llamado a esto una fase de "parálisis de decisiones". Algunas de las razones por las que piensan demasiado son:

-Son procesadores profundos. Una de las cuatro características de las PAS que destaca el Dr. Aron es que procesan la información con mucha profundidad. Por lo tanto, cada información asociada con el proceso de decisión tiende a evaluarse repetidamente, lo que retrasa el avance del proceso. No toman las cosas ni las decisiones al pie de la letra. Deben profundizar y desentrañar todo antes de poder decidir algo.

- Quieren sacarle el máximo partido a todo. Cuando descubren información, quieren obtener más información sobre ella para decidir si es útil o no. Teniendo en cuenta que cada dato se procesa debidamente antes de continuar, no es de extrañar que la toma de decisiones sea un lastre para ellos.

Quieren siempre lo mejor (basado en su atención a los detalles), y la única forma de saber cuál es esta opción es sabiendo todo sobre todo.

- Consideran a los demás. Su empatía inherente los obliga a considerar cómo sus decisiones afectan a otras personas. Preguntas como "¿Mi elección de salir a la playa afectará los horarios de alguien?" o "¿Puedo levantarme a leer por la noche sin molestar a mi mujer?" desconciertan constantemente a las PAS y a veces les impiden hacer lo que en otras circunstancias habrían hecho sin pensar.

- Tienden a buscar la perfección. La atención al detalle les hace querer hacer todo a la perfección, pero sabemos que nada es perfecto. Aquellos individuos que se embarcan en esta misión imposible tardan mucho en llegar a su puesto y, a veces, ni siquiera llegan.

- Puede que no tengan confianza en sí mismos. Aquellos que están acostumbrados a ser malinterpretados e incomprendidos no pueden ni siquiera creer en su capacidad para tomar buenas decisiones, lo que los lleva a pensar demasiado e incluso a darse por vencido.

4. Son complacientes

Automáticamente tienen una educación diferente a la de otros. Si bien muchos jóvenes pueden recordar cómo les encantaba ir al parque cuando eran más pequeños, muchos no logran identificarse con eso. Esto hace que sea difícil mantenerse al día con las conversaciones sobre experiencias compartidas. Muchos recurren al placer de la gente para formar amistades y otras relaciones.

Como una PAS, a veces parece que no puede manejar las críticas, así que trata de que todos se lleven bien con usted. Lo hace con la esperanza de que aprueben su personalidad y sus acciones, y esto podría afectarlo.

Esto difiere de ser una persona amigable por naturaleza y con ganas de formar vínculos. La persona amigable también sabe que la amistad es una relación de dar y recibir. De hecho, cualquier tipo de relación funciona de esa manera.

Como PAS, también podría estar interesado en complacer a las personas porque desea que todos los que lo rodean sean felices. Cuando usted coloca los pensamientos y sentimientos de otras personas por encima de los suyos de manera constante, comienza a cargar un gran peso sobre usted, especialmente cuando no aprecien sus esfuerzos. Esto podría ser devastador para la psiquis.

En resumen, la necesidad de complacer a los demás surge cuando intentan encajar en un grupo en el que no son como los demás miembros de ese grupo, y para ellos, sucede a menudo.

5. Generalmente se los malinterpreta

La mayoría de los puntos mencionados anteriormente se suman para explicar por qué se pueden malinterpretar a estas personas. Este es el punto menos favorable para la típica alma sensible porque ya es bastante difícil tener que lidiar con todas las demás dificultades que conlleva ser muy sensible. Simplemente saber que la gente no entiende cómo usted se siente o cómo usted razone es suficiente para desestabilizarlo.

Para cada característica de las PAS, existe una noción errónea que la "explica".

• Su atención al detalle es considerada una actitud mezquina y autoritaria.

• Si bien las personas pueden apreciar su proceso de pensamiento creativo, otros pueden verlo como ilusiones o pensamientos poco realistas.

• Estar agradecido por las pequeñas cosas o apreciar el más mínimo detalle de la naturaleza podría parecer innecesario.

• Los cambios de humor pueden hacerlo lucir inestable o melancólico, lo que no siempre es el caso.

• Aquellos que complacen a las personas podrían verse desesperados por el amor o la codependencia.

• Aquellos que son fácilmente propensos al miedo pueden ser considerados débiles.

Capítulo 3: PAS vs empatía

Probablemente concuerde en que, al explicar una palabra nueva a otra persona, ellos mencionarán términos similares y preguntarán: "¿Algo así como un...?". Ese es el poder de aplicar conceptos similares.

Tanto las PAS como las personas empáticas se abren camino fácilmente en la cabeza de los demás (ya que se basan en conocimientos previos) y, a veces, pueden confundirse unos con otros. Debe asegurarse de que *pertenece* a esta categoría antes de vivir según el manual de PAS, para no ser demasiado duro consigo mismo cuando note que no se identifica con muchas de sus normas.

Recuerde lo que dijimos en el primer capítulo: los empáticos y las PAS son diferentes, aunque pueden poseer atributos similares. Para comprender mejor esto, necesita saber más sobre las diferencias entre estos dos tipos de personas, de modo que no confunda uno con otro.

Aunque alguien podría ser tanto un empático como una PAS, usted no debe simplemente asumir que es uno o el otro. Es mejor prestar atención a los hechos, para saber los pasos correctos a seguir para superar los desafíos asociados a la etiqueta a la que pertenece.

¿Quién es un empático?

Antes de decidir de qué lado se encuentra, dese una oportunidad de comprender ambos conceptos. Ahora que sabe bastante sobre ellos, profundicemos en los atributos de un empático.

Un empático es alguien con la capacidad innata de sentir las emociones que lo rodean, desde las personas hasta los animales y las plantas. Pueden hacer esto absorbiendo energía de otros y tomando esa energía como propia (al igual que una esponja).

También se considera que esta persona tiene ciertas habilidades paranormales, como la capacidad psíquica de sentir las emociones y energías de los demás. Están muy familiarizados con los estados de ánimo de los demás, buenos o malos, y de alguna manera los entienden completamente y pueden identificarse con ellos sin siquiera haberlos experimentado ellos mismos.

A diferencia de la persona altamente sensible, la naturaleza de un empático no es genética; tampoco está influenciada por el estatus social, sino que se forma a partir de interacciones y relaciones con otros a lo largo de su vida. Las personas adquieren esta habilidad desde la niñez y se puede desarrollar a medida que pasa el tiempo.

Un empático tiene un sentido de conocimiento imperdible y, a veces, incuestionable porque capta vibraciones en lugar de emociones, que podrían malinterpretarse fácilmente. Saben que todos los humanos están compuestos de energía, y la energía que emiten contribuye en gran medida a determinar la persona que son.

Características de un empático

Además de lo que ha recopilado hasta ahora sobre los empáticos, también necesita conocer los hábitos y habilidades que tienen y muestran de forma natural. Saber más sobre los comportamientos de alguien lo ayudará a aclarar cualquier duda que tenga sobre ellos.

Por lo tanto, para continuar este viaje, deberá analizar y comprender las características de un empático.

1. Curiosidad por los desconocidos

Los empáticos son personas muy curiosas, a pesar de que su sondeo puede no implicar hacer preguntas directas, sino más bien intentar captar señales de energía de quienes los rodean. Parecen tener una curiosidad insaciable por los que los rodean porque han mantenido el interés infantil que muchas personas dicen haber "superado", aunque se deba principalmente a la influencia de la sociedad. La sociedad nos ha obligado a ocuparnos de nuestros asuntos.

Si alguien le dice que ha tenido un mal día, ¿cuál es su respuesta? Para los empáticos, lo más probable es que resistan la tentación de imponer sus opiniones sobre por qué creen que el día fue malo para usted, aunque su conjetura podría estar más cerca de la verdad que la de cualquier otra persona. Harán preguntas y estarán abiertos a escuchar y aprender de las respuestas dadas. Además, dado que los empáticos captan ondas de energía, sabrán las preguntas correctas que deben hacer, no para irritarlo, sino para comprender mejor su situación y ayudarlo a encontrar soluciones a lo que está pasando.

2. Superan las diferencias y descubren los puntos en común

A veces, los individuos usan la diversidad para crear etiquetas poco saludables como "nerds"; o "radicales" (lo que agranda las grietas de la discordia dentro de la sociedad), y esto podría afectar la naturaleza social del hombre, provocando que los grupos minoritarios se aíslen y concuerden con la sumisión.

Los empáticos tienden a cuestionar sus propias inclinaciones y prejuicios buscando lo que comparten con las personas en lugar de lo que las divide. Ya sea por raza, desarrollo intelectual o posición social, los empáticos encuentran la manera de cerrar la brecha de la diversidad, porque todavía somos un *colectivo*, la raza humana.

A pesar del tipo de empático que usted sea, tiende a sentir los dolores y las luchas de los demás, se coloca en el lugar del otro y se da cuenta de los terribles efectos del prejuicio en sus vidas e interacciones. *(Si más personas fueran empáticas, no tendríamos tantas guerras y conflictos que enfrentamos hoy en el mundo).*

Un gran ejemplo se encuentra durante los conflictos entre musulmanes e hindúes en la India, que llevó a su independencia en 1947. Gandhi (abogado indio, nacionalista anticolonial y especialista en ética política) creía que empatizar con los "adversarios" era el primer paso hacia la tolerancia social. Entonces, dijo: "¡Soy musulmán!" "Y un hindú, un cristiano y un judío".

3. Son muy sensibles

Este aspecto es el más confuso en términos de diferencias. Se sabe que los empáticos son muy sensibles a su entorno. Detectan rápidamente los más mínimos cambios tanto en las personas como en los lugares. Esto les ha valido la etiqueta de "demasiado sensibles", al igual que las PAS. Son naturalmente abiertos y grandes oyentes, pero fácilmente se ponen de mal humor porque absorben la energía que los rodea y la convierten en la suya propia. Por lo tanto, su estado de ánimo y sus emociones dependen mucho de los demás, lo que podría ser muy complicado y agotador. Las demás personas pueden no entender que en realidad necesitan "endurecerse" porque "el mundo es un lugar difícil" para ellos.

4. Son altamente intuitivos

Además de estar familiarizados con las emociones de los demás, los empáticos también están en contacto con sus propios sentimientos e instintos. Pueden confiar en gran medida en sus instintos para tomar decisiones y utilizar esta capacidad en sus interacciones con los demás.

Pueden saber cuándo algo no está bien en un determinado lugar o persona. Lo perciben en forma de señales de energía captadas por sus sentidos, no por pensamientos. Esto resulta muy útil a la hora de decidir dónde alojarse al visitar una nueva ciudad, qué riesgos comerciales tomar y dónde invertir. Su intuición les ayuda a evitar personas tóxicas y manipuladoras. También ayudan a otros (que pueden no sentir las cosas como ellos) al asesorar en todas las áreas.

Este rasgo es ideal para profesiones que necesitan un análisis objetivo o ver más allá de la superficie, como el periodismo o el trabajo de detective, y es común ver a empáticos trabajando en estos puestos.

5. Son distraídos

Cuando usted está demasiado ocupado sintiendo la energía a su alrededor, es posible que los demás lo vean como una persona perdida o confundida. Por lo tanto, los empáticos a menudo son considerados personas con poca concentración. Por ejemplo, un empático podría estar en una conversación con usted, cambiar repentinamente su atención a otra cosa porque siente una nueva vibra y luego intentar hallar la fuente porque no proviene de usted.

Casi siempre, las personas empáticas se sienten tan abrumadas por las emociones que están canalizando que pierden el enfoque. Están influenciados por las emociones confusas que oscilan a su alrededor, lo que a menudo los lleva a estar completamente ocupados con estos pensamientos y emociones.

6. Son ordenados y limpios

Una cosa que un empático no puede soportar es el desastre. Ya tienen mucho que afrontar, así que ¿por qué aumentar su cansancio emocional? No quieren recibir malas vibraciones de la basura en el suelo, la mesa de trabajo desordenada o la cama sin hacer. Prefieren estar en un espacio donde las cosas se mantengan ordenadas y limpias, para lograr concentrarse y canalizar su energía en cosas más productivas. Suelen ser minimalistas y valoran los espacios simples, pero ordenados.

Tipos de empáticos

Aunque la gente no parece estar de acuerdo sobre cuántos tipos de empáticos hay, generalmente hay seis tipos. Conocer esto y comprender cada uno de ellos ayudará a desmitificar este concepto.

1. Empatía emocional

Esta es una de las personas más comunes que captan fácilmente la energía emocional de los demás. El empático emocional experimenta profundamente los sentimientos de los demás en su propio cuerpo emocional e incluso puede ponerse en el lugar de los demás (tanto emocional como físicamente). Por lo general, se agotan al absorber tantas emociones juntas. A diferencia de las PAS, pueden hacer esto sin siquiera intentar leer esas emociones.

2. Empatía física/médica

Esta persona está más en sintonía con la energía corporal que irradia de las personas. Estos empáticos usan su habilidad para descubrir qué le pasa a alguien, simplemente sintiéndolo. Podrían convertirse en "sanadores" usando sus habilidades para ayudar a curar los cuerpos de otras personas. Un empático físico puede intuir y sentir el dolor físico de los demás, y esto es raro.

Piense en esto: un niño desarrolla un dolor de cabeza y se queja con su mamá, quien pronto tiene uno, incluso mientras trata de ayudar al niño a mejorar. Lo bueno es que el empático físico, la mayoría de las veces, conoce una solución a los dolores o enfermedades de los demás.

3. Empatía geomántica

Esta persona también es etiquetada como un "empático ambiental". Aquellos con este tipo de empatía se familiarizan fácilmente con ciertos ambientes o lugares, incluso si no tienen conexión con ellos o nunca antes habían estado allí. Lo más probable es que tenga una empatía geomántica si nota que está feliz o cómodo en ciertos lugares sin una razón clara.

Además de esto, los empáticos geománticos pueden recoger la energía de los lugares, y eso podría deberse a su historia. Por ejemplo, la ladera de una montaña podría irradiar el sentimiento de lucha a un empático geomántico, basado en las dificultades que otros han enfrentado al tratar de llegar a su punto máximo. Estos empáticos se sienten muy atraídos por el mundo natural y sienten que se comunica con su subconsciente.

4. Empatía con plantas

Este es un rasgo bastante interesante. Un empático con plantas puede sentir instintivamente lo que necesitan las plantas. Si eres un empático de las plantas, puedes decir por qué una planta no está floreciendo o cuál es el mejor lugar para plantar semillas, sin estudiar agricultura ni tener experiencia con ese tipo de plantas.

Estos individuos se sienten atraídos por lo verde e incluso pueden asumir una ocupación que implique cultivar o cuidar plantas. También obtienen cierta satisfacción al sentarse al lado/debajo de un árbol o en un jardín y recibir orientación de la naturaleza, escuchando claramente las plantas en sus mentes.

5. Empatía animal

Al igual que el empático vegetal, los empáticos animales se conectan fuertemente con los animales. Pueden ser las personas que conocemos como encantadores de perros, gatos o caballos. Aquellos con esta habilidad entienden lo que necesitan los animales y también pueden sentir sus emociones y estados de ánimo. Se sienten atraídos por estos animales y pueden comunicarse con ellos de una manera que entienden telepáticamente.

Es por eso que descubrimos que un extraño puede calmar a nuestro cachorro cuando está teniendo un ataque de pánico, o hacer que salga de su caparazón después de tanto tiempo. Lo más probable es que, si usted es un empático con los animales, ya está pasando mucho tiempo con los animales y se siente atraído por ellos, incluso si no son suyos. Esto podría convertirse en una carrera profesional, ya que amaría pasar la mayor parte de su tiempo haciendo algo que ama.

6. Clariconocimiento/Empatía intuitiva

Esto es muy parecido al empático emocional, pero la diferencia es que el empático clarividente puede recoger información simplemente por estar cerca de otros. A diferencia de sentir las energías emocionales, solo se necesita una mirada a otra persona para que un empático intuitivo obtenga mucha información sobre él o ella.

Esta habilidad es útil cuando se trata de comprender a alguien que acaba de conocer. Las personas a menudo colocan fachadas para crear una primera impresión agradable, aunque los empáticos clarividentes pueden ver fácilmente más allá de ella. También los convierte en grandes consejeros y asesores.

Otros tipos de empáticos que han recibido atención a lo largo de los años incluyen:

- Empáticos telepáticos: leer los pensamientos de las personas correctamente.

- Empáticos médiums: se conectan con las almas de las personas fallecidas.

- Empáticos psicométricos: obtener información sobre personas y cosas tocando objetos físicos.

- Empáticos precognitivos: sentir o experimentar un evento antes de que ocurra.

Diferencias entre empáticos y PAS

Hay muchas correlaciones entre empáticos y PAS, y es normal que los individuos los confundan. Para saber cuál es su caso, debe resaltar las diferencias, pero recuerde que puede ser tanto un empático como una PAS.

1. Sus habilidades

Mientras que las PAS tienen un sistema nervioso central estimulado, lo que los hace diferentes de los demás, los empáticos tienen habilidades paranormales como:

- Habilidades psíquicas: la capacidad de sentir lo que está oculto a los demás en forma de ondas de energía.

- Clariaudiencia: la capacidad de escuchar lo que es inaudible para el oído humano común.

- Clarisentencia: la capacidad de ver los sentimientos físicos o emocionales pasados, presentes o futuros de los demás sin utilizar ninguno de los cinco sentidos.

Esto significa que se considera que los empáticos tienen una forma de sexto sentido, mientras que los sentidos de una PAS son más agudos.

Digamos que dos amigos estaban involucrados en una acalorada discusión y una PAS entra en la habitación. A pesar de que tratan de fingir que no ha pasado nada, la PAS detectará señales (como el lenguaje corporal) para sentir que algo anda mal. Si uno o ambos amigos abandonan el área y entra un empático, sentiría la energía de la discusión que tuvo lugar allí sin ver a ninguno de ellos. Ahora puede preguntarse qué habilidad tiene.

2. Alta sensibilidad

Básicamente, todos los empáticos son muy sensibles, pero no todas las personas muy sensibles son empáticas. Muchos son comprensivos, y esto difiere de ser un empático. Las personas comprensivas necesitan interactuar con los demás antes de mostrar empatía hacia ellos, a diferencia de los empáticos que pueden estar en sintonía con otros de los que no saben nada, simplemente reconociendo su energía. Como resultado, se encuentran absorbiendo esos sentimientos y emociones.

3. Aprovechar sus dones

Dado que los empáticos captan la energía y las PAS notan los estímulos sensoriales, la forma en que aprovechan sus dones difiere. Los empáticos a menudo canalizan sus dones hacia algo más profundo para ayudar a las personas porque ese es su impulso. Entonces, descubrimos que la mayoría de los médiums, psíquicos y espiritualistas son empáticos. Mientras tanto, las PAS aprenden a ser conscientes de su sensibilidad para mejorar sus interacciones con los demás (en relación a sus vínculos o su carrera).

Capítulo 4: Preocupaciones por la salud de las PAS

El viaje de descubrimiento de la Persona Altamente Sensible no estaría completo sin considerar los problemas que estos enfrentan. El hecho de que tengan habilidades únicas no significa que todo les salga bien. Ser una PAS tiende a desgastar muchísimo a la persona y potencialmente podría derivar en graves problemas de salud. Esté atento.

Para empezar, algunos que aún no identifican su situación (y les preocupa ser anormales) pueden llegar a experimentar todo tipo de actividades y sustancias en un intento de suprimir sus habilidades innatas. Están cansados de sentirse agotados todo el tiempo. Quieren explorar el mundo como los demás sin sentirse demasiado asustados o pensar demasiado las cosas. Quizás quieran ser espontáneos y manejar mejor las situaciones. Esto podría hacer que recurran a la cafeína, el alcohol o las drogas duras en busca de ayuda.

A su vez, estas adicciones tienen un efecto más dañino en sus mentes y cuerpos. Pero no saben de eso, razón por la cual las personas deben tener claro quiénes son y por qué se conectaron de cierta manera. Esta información tiene como objetivo cerrar esa brecha, pero primero, debe estar al tanto de los problemas de salud de una típica PAS.

Problemas de salud

1. Irritabilidad e intolerancia

Comencemos con lo que algunos podrían ver como sutilezas, porque a veces se necesita un pequeño cambio para que sucedan grandes cosas. Se ha descubierto que pueden sufrir la sensibilidad de los estimulantes ambientales como la comida, el entorno e incluso las sustancias químicas. Es posible que no se presenten en forma de alergias graves, sino que pueden influir en su calidad de vida. Los irritantes comunes pueden ser alimentos a base de lactosa o incluso reacciones causadas por el gluten.

El síndrome de colon irritable no es ajeno a ellos porque el sistema nervioso central no solo está aumentado, el sistema nervioso entérico (relacionado con el tracto gastrointestinal) también capta las señales sensoriales. Esto significa que, como PAS, también sientes dolores reactivos y emociones en tu intestino. La carga adicional de sentimientos a los que está reaccionando y tratando de procesar puede ser la razón de su dolor de estómago o malestar digestivo.

Observe la relación entre lo que come y los niveles de malestar, el cansancio después de comer o la aparición de dolores de cabeza. Estos síntomas no se aplican a todos aquellos que son PAS y, a menos que sean conscientes de cómo maximizar su alta sensibilidad, no sabrán cómo manejar sus intolerancias.

2. Depresión

Ya es bastante difícil para usted descubrir por qué es tan diferente. La montaña rusa del día a día puede parecer demasiado estresante. Por lo tanto, es muy común que caiga en estados de depresión, tanto a corto como a largo plazo.

Además, se sabe que estas personas absorben las emociones de los demás a través de sus interacciones. Significa que la mayoría de las veces, sus estados de ánimo dependen de los demás, y eso no siempre es bueno. En un mundo donde hay tantas malas noticias y donde las personas expresan emociones negativas, les resulta difícil hacer frente a las emociones de los demás.

Aron dice que cuando está deprimido, es más probable que una PAS tenga pensamientos suicidas debido a la profundidad con la que le llegan las cosas. Es posible que quieran encontrar una manera de alejarse de la tristeza constante por la que pasan. Sin embargo, esta no es una solución, y darse cuenta de que su rasgo es un regalo podría ser todo lo que necesita para dejar de sentirse desesperado o defectuoso.

3. Deficiencia de zinc

Una de las deficiencias de minerales más comunes, con aproximadamente dos mil millones de personas afectadas, es la deficiencia de zinc. El zinc es un nutriente esencial que apoya la capacidad del cuerpo para sanar y reparar, y maneja más de 300 funciones enzimáticas en el cuerpo.

Puede buscar signos que le indiquen si padece esta deficiencia, incluida la pérdida del cabello, la salud de las uñas y, lo que es aún más importante, un sistema inmunológico deteriorado e incluso infertilidad. En casos graves, esto también puede provocar una enfermedad cardíaca.

Estudios han revelado que a medida que envejecemos, es más probable que tengamos deficiencia de zinc. Una de las principales razones por las que las PAS podrían tener deficiencia de zinc es que son propensas a niveles más altos de estrés, lo que agota los recursos minerales del cuerpo, incluido el zinc. El estrés crónico ocurre cuando no se sienten en control de su entorno durante un período prolongado.

Aparte de los problemas leves mencionados anteriormente, la deficiencia de zinc podría manifestarse en forma de baja inmunidad, y esto significa dificultad para recuperarse de infecciones y susceptibilidad a resfriados y virus.

Debido a que son humanos primero, algunos podrían tener problemas de salud subyacentes. Aquellos que ya luchan contra la fatiga crónica, los problemas suprarrenales, la diabetes y el desequilibrio hormonal deben prestar más atención a sus niveles de zinc.

4. Adicciones

Aunque no hay pruebas de que sean más propensos a recurrir a adicciones, muchos han admitido que recurren al exceso de comida, alcohol, drogas y otras prácticas poco saludables cuando se sienten constantemente abrumados. Esta podría ser su forma de intentar "atenuar" su sensibilidad o desviar momentáneamente su atención de sus problemas, pero la gratificación que ofrecen estas adicciones es muy breve, y la necesidad de seguir utilizándola como compensación se convertirá en un problema.

Esto afecta su cuerpo y mente e incluso puede abrirlos a nuevos niveles de sensibilidad provocados por su adicción. Cultivar un estilo de vida favorable que respalde su salud, especialmente como PAS, resultará más útil que sucumbir a los antojos poco saludables. Profundizaremos un poco más en eso luego.

5. Pérdida de cabello

¿Sabía que el estrés puede provocar la caída del cabello? ¿Sabía también que son grandes maestros en estresarse incluso por las cosas más pequeñas? ¿Ve la correlación? Bien, basta de preguntas. Continuemos.

La confesión de una PAS:

"Durante mi primer trabajo corporativo, arriesgué mi salud de una manera muy peligrosa. Estaba tan obsesionada con mi progreso y querer ser la mejor empleada que acabé completamente agotada. Comencé a perder cabello, a perder el sueño por la noche y a desarrollar problemas digestivos graves". - Alissa Jablonske.

No debe entrar en pánico cuando empiece a perder cabello. Su búsqueda de la perfección (y el estrés que la acompaña) podría ser la causa de todo. La caída del cabello también puede deberse a emociones no resueltas. Es común que estas personas se arranquen el pelo cuando están ansiosos o asustados por algo. Esto ha sido etiquetado como tricotilomanía y no es exclusivo de este tipo de personalidad. Si hace esto, trate de hacer un esfuerzo consciente para evitarlo. Hablar con alguien cercano o con un terapeuta sobre tu ansiedad podría ayudar a detener el hábito por completo. No necesitan estar escuchando todo el tiempo. Hablar de lo que te estresa podría ser una excelente manera de superarlo.

6. Dolores de cabeza

Estas personas podrían sufrir dolores de cabeza por la mera forma en que analizan cada información que reciben. Pensar en tantas cosas en tan poco tiempo pasa factura. Podría estar pensando: "¿No es para eso que sirve el cerebro?". Sí, pero incluso nuestros teléfonos pueden presentar "irregularidades" cuando alcanzan el límite elástico de su memoria.

Es más difícil para ellos filtrar la información que les agota emocionalmente, lo que genera un gran peso sobre ellos. El resultado de esto puede ser dolores de cabeza constantes e incluso migrañas.

Además del estrés y el pensamiento excesivo, aquellos que son sensibles a las luces brillantes, los sonidos agudos o los olores divertidos encontrarán que estos factores desencadenantes también conducen a dolores de cabeza constantes. La solución a esto es simple. Manténgase alejado de aquellos factores desencadenantes tanto como sea posible para darle a su cerebro el espacio que tanto necesita.

7. Fatiga

¿Qué sucede cuando absorben toda la información emocional de quienes los rodean? Están drenados y eso puede verse. Son excelentes oyentes, pero no son los mejores para dejar pasar información hiriente.

Si alguien pierde a un miembro cercano de su familia y llama a su amigo PAS para informarle, pueden sentir el dolor genuino en la respuesta, porque realmente lo están sintiendo. Ya sea intencionalmente o no, se les ha implantado el mismo tipo de dolor que tiene la persona que ha llamado. Y mucho después de la llamada, siguen doliendo las noticias. Este es uno de los rasgos de un buen amigo, pero puede resultar muy agotador cuando sucede repetidamente, ya que las malas noticias nunca dejan de aparecer.

Para alguien que siente las cosas intensamente, tanto interna como externamente, esto induce la fatiga por compasión, que se ha descrito como el equivalente a una resaca emocional. Cuando todo te afecta, afecta tu capacidad para procesar y lidiar con tus emociones y las emociones de otras personas. Simplemente parece demasiado abrumador. No todos los que son sensibles pasarán por esto, pero seguramente se sentirán abrumados y agotados físicamente.

Qué puede hacer una PAS sobre estos problemas de salud

Hay una solución para cada problema, pero primero debe reconocer el problema, para estar seguro de poder encontrar la mejor solución. Saber que es una PAS es la primera revelación con la que debe lidiar y deberá encarar los desafíos que esto conlleva. El siguiente paso es desarrollar algún mecanismo de enfrentamiento. Como sabemos a estas alturas, varían en función de sus otros rasgos, y las formas en que manifiestan su rasgo de PAS.

Cuando haya marcado todas las casillas relevantes para usted en términos de las características de un PAS, sus pros y sus contras, y los problemas de salud, debería poder tomar los pasos a seguir y buscar soluciones para un óptimo estilo de vida que promueva una buena salud. Ahora, podemos abordar esto de la mejor manera.

1. Sea consciente de su dieta

Este es un gran consejo para cualquiera. Una alimentación saludable ayuda en sus niveles de energía, estimula su sistema inmunológico y lo hace sentir más fresco y mejor en general. Comer alimentos saludables también puede revelar cualquier sensibilidad o alergia a los alimentos que ni siquiera sabía que tenía.

Ahora bien, esto no significa necesariamente que deba cambiar toda su dieta a menos que sea necesario. Significa que debe ser más intencional con sus elecciones de alimentos. ¿Ha notado patrones en la forma en que come, los alimentos a los que es sensible, si el olor, el sabor o la textura alteran su sistema? En caso afirmativo, debe evitar los alimentos que desencadenan reacciones adversas. Si no es así, comience a prestar más atención a los elementos de su dieta que no son saludables. Lo más probable es que ya los conozca.

Además, reducir la ingesta de alcohol y cafeína puede generar cambios positivos en su estado de ánimo y niveles de ansiedad. Mucho después de dejar estas sustancias, puede seguir sintiendo sus efectos de manera evidente en su mente y cuerpo.

Aparte de esto, recuerde su necesidad de zinc, que se puede encontrar en alimentos ricos en proteínas, carnes, mariscos e incluso productos lácteos. Las nueces también son una buena fuente de zinc. El cordero y las castañas de cajú son dos de las mejores fuentes de zinc. Los champiñones y las espinacas también forman parte de la lista, por lo que puede elegirlos si tiene deficiencia de zinc. Se sorprenderá de cómo algunas pequeñas modificaciones en su dieta pueden afectar su salud en general.

2. Limpie su entorno

Además de mantenerse conscientemente alejado de los estimulantes nocivos, también pueden llevar a cabo una forma de desintoxicación en su hogar y espacio de trabajo. Desde productos para el cuidado personal como jabón, desodorante, perfumes y lociones corporales hasta productos de limpieza como blanqueadores y desinfectantes usados, todo debe ser evaluado con atención. Dado que estos productos son para su uso, aquellos que lo incomoden o le produzcan alguna reacción deberán ser reemplazados por alternativas más naturales.

También deberá mantener su espacio libre de desorden, ya que el desorden podría ponerlo más nervioso de lo normal. Reemplace estos elementos por otros más calmantes que resuenen con la serenidad que necesita. Entonces, ya sea por su sentido del olfato, vista u oído, deje que su entorno se identifique con sus necesidades, y que no desencadenen arrebatos emocionales. Una vez que tenga el control de su entorno inmediato, es probable que sus niveles de estrés se reduzcan, y solo le quede lidiar con las influencias externas.

3. Cuidado personal

Ser el hombro en el que todos se apoyan puede ser difícil, y se necesita tener una energía adecuada para ser el mejor consejero amigo. Sin embargo, debe darse cuenta de que todo comienza con usted. Sus emociones están por todas partes, y sí, parece que no puede soltarlas, pero ¿qué tal si usa toda esta información como una ayuda en lugar de bloquearse? Siga sus propios consejos y relájese. Descubrirá que es perfecto para la mente.

Salga a la naturaleza, de un largo paseo, reflexione (no pensando demasiado, sino reflexione con calma sobre las cosas importantes), medite, escriba o simplemente haga algunos ejercicios de respiración (respire profundamente por las fosas nasales y exhale por la boca). Cuando haya hecho al menos una de estas cosas, comenzará a sentir que la energía regresa poco a poco y que está listo para conquistar el mundo nuevamente.

4. Tenga un círculo social confiable

Ningún hombre es una isla, especialmente una PAS, sentirse seguro con las personas de su círculo es clave para superar muchos de los desafíos que podría enfrentar como PAS (incluidos los relacionados con la salud).

Las PAS se ven muy afectados por los estados de ánimo y las emociones de los demás. Si se siente agotado después de salir con alguien, es hora de reevaluar su relación con esa persona y decidir si la relación es tóxica para usted, ya que algunas relaciones son perjudiciales incluso para personas que no son PAS. Puede limitar sus interacciones con esta persona a reuniones al aire libre en las que no esté solo, así no será la única energía de la que se esté alimentando.

Acepte que no puede tener un círculo tan estrecho y no les cuente sus problemas. Hable cuando se sienta incómodo, feliz, triste o enojado. No silencie sus emociones, ya que esto podría llevarlo a un estado de depresión. Ayude a sus amigos a tomar decisiones razonables. Déjelo hablar. No todos pueden sentir las emociones de los demás en sus expresiones. A veces es necesario discutir algunas cosas.

Por encima de todo, ser uno mismo es un regalo y una parte permanente de su identidad. Ser consciente de este regalo y cómo se aprovecha para crear un estándar de vida deliberado que promueva la salud y el bienestar lo ayudará a controlar e incluso evitar algunos de sus problemas de salud recurrentes. Recuerde, cuide su mente y su cuerpo responderá en consecuencia. Lo mismo funciona cuando cuida su cuerpo porque la mente reacciona de manera positiva.

Capítulo 5: Crianza de niños altamente sensibles

Si su hijo ha sido catalogado como "tímido, muy emocional y muy perceptivo" es posible que usted esté criando a un niño altamente sensible. Puede que haya sido una fuente de interés o preocupación para usted ver cuán "diferente" es su hijo de sus amigos o miembros de su grupo de juego, por lo que este capítulo es de suma importancia para usted.

A estas alturas, debe comprender aquellas cualidades características de este tipo de persona. Es tema interesante para los niños porque estos se encuentran naturalmente en sus etapas formativas. Un niño crece y se convierte en una persona altamente sensible cuando muestra gran sensibilidad frente a acontecimientos de su entorno. Para un niño muy sensible, las pequeñas cosas importan. Ya sea por la forma en que alguien come, o por el estado de ánimo, el olor o la reacción de otros niños cuando algo sucede, un niño muy sensible puede notar muchas cosas.

Una pregunta que le viene a la mente a cualquier padre acerca de su hijo altamente sensible es si tal cosa debería provocar emoción o preocupación. Desde un punto de vista positivo, los niños muy sensibles tienen una sensación de conciencia mayor y más aguda. A menudo son talentosos e intelectualmente sólidos. Pueden mostrar creatividad y un alto nivel de emociones a una edad tan temprana. La desventaja de tener hijos muy sensibles es que tal aumento en la percepción podría ser un catalizador de muchos problemas emocionales.

Tener un hijo muy sensible es similar a tener un hijo que muestra superpoderes. Si luego se usa para salvar el mundo o destruirlo, depende del nivel de atención y crianza que se brinde. Tener un hijo muy sensible es normal, pero es necesario un alto nivel de paternidad. En palabras de Elaine Amor: "Es principalmente la paternidad la que decide si la expresión de sensibilidad será una ventaja o una fuente de ansiedad". La crianza de los hijos es un factor decisivo cuando se trata de la sensibilidad de los niños.

Este segmento le hará preguntarse: ¿cómo sé si mi hijo es muy sensible o no? ¿Qué puedo hacer? ¿Qué habilidades o mecanismos puedo adoptar?

La detección temprana de rasgos PAS en niños es importante. En este capítulo, se le presentará un manual mediante el cual podrá lidiar perfectamente con un niño muy sensible.

¿Cómo sabe que su hijo es muy sensible?

Esta sección tiene como objetivo fortalecer aún más el aspecto introductorio de este capítulo. No basta con saber qué es un niño muy sensible; también es importante saber cómo puedes *detectar* a un niño muy sensible. Estos rasgos preparan a los padres o maestros para una tarea muy importante. Al final, un niño muy sensible debe ser tratado con delicadeza. Esto puede suceder cuando el padre o el maestro se ha armado con la información necesaria, pero primero, puede tomar esta lista como guía para ver si su hijo es muy sensible.

1. Hace muchas preguntas

De alguna manera, ser sensible y curioso van de la mano. Es natural que los niños sean curiosos, pero esto no significa que todos los niños sean muy sensibles. Al mismo tiempo, este rasgo no se separa de un niño muy sensible. Los niños muy sensibles tienen muchas preguntas casi todo el tiempo. Esto se debe a que, como hemos comentado, son más susceptibles a su entorno. Ser consciente de su entorno los conduce a una gran cantidad de "¿qué pasaría si...?" y "¿cómo llegó a ser esto?". Los niños muy sensibles quieren saberlo todo, y esto es muy visible en los niños con PAS.

2. Son emocionales

Es probable que un niño muy sensible sea mucho más emocional para su edad de lo normal y tenga la tendencia a reaccionar de esa manera a casi todo. Un juguete roto podría hacer que un niño muy sensible se sintiera miserable por el resto del día. Se sienten arrastrados hacia los dolores de otras personas, animales o cosas, razón por la cual pueden encontrar una solución a estos problemas. Como niño PAS, pasan mucho tiempo preocupándose por los problemas de otras personas y constantemente buscarán cómo resolverlos.

3. Son buenos observadores

Estos niños tienen este gran sentido de observación de su entorno. Estos niños sensibles son maestros de interpretación de personas. Pueden ver el carácter y los rasgos de los demás y, si se les pregunta, podrían dar una descripción precisa de las personas que observaron. Para poner esto a prueba, puede pedirle a su hijo sensible que describa carácter de alguno de sus padres. Se sorprenderá con la cantidad de información que tienen a su disposición.

4. Les cuesta superar el fracaso

La frase "fracasa rápidamente y sigue adelante" no les sienta muy bien a los niños muy sensibles. Los niños muy sensibles son perfeccionistas. Cuando hacen algo, tienen mucho cuidado hasta en el último detalle. Cuando se comete un simple error, muchas cosas podrían salir mal. Los niños sensibles simplemente quieren saber por qué falló ese plan en particular. Reflexionan sobre el evento y tienden a hacer múltiples preguntas sobre por qué no se dieron cuenta de que su plan no iba tan bien como debería. Quieren saber cómo se puede resolver el problema y, a menudo, esto podría causar estrés y ansiedad.

5. Se enfadan fácilmente

Otro rasgo común que puede haber notado en los niños sensibles: Se enfadan con facilidad. Los niños sensibles son eso: sensibles, y las cosas más pequeñas pueden molestarlos. Un factor resultante es que reflexionan sobre los problemas durante mucho tiempo, y si se enojan con usted, podría pasar un tiempo antes de conseguir hablar sobre eso. Debido a que se sienten heridos, prefieren aferrarse que expresarte las cosas, al menos hasta que encuentren una solución en sus propios términos.

6. Un niño sensible es educado

El exterior puede ser un poco duro, pero el interior es encantador. Los niños sensibles, son jóvenes de buenos modales y son igualmente educados en cada entorno en el que se encuentran.

7. Les molestan los lugares ruidosos

La paz y la tranquilidad son una necesidad para los niños sensibles. Se distraen y molestan fácilmente en lugares ruidosos, y la mayoría de las veces, buscan lugares tranquilos. Si su hijo prefiere quedarse solo en su habitación en lugar de salir a jugar con niños de su edad, entonces podría ser considerado sensible.

¿Cómo lidiar con un niño muy sensible?

Ahora sabe cómo detectar a un niño altamente sensible. La siguiente pregunta debería ser qué hacer. Esta es la etapa crítica para los padres o profesores, y a continuación se ofrece una lista exhaustiva sobre cómo lidiar con los niños altamente sensibles.

1. Acepte que el niño es muy sensible

Antes que nada, un padre o maestro debe aceptar la naturaleza del niño. Como padre o maestro, es normal estar preocupado por la obvia naturaleza súper sensible del niño, pero comprenda dos cosas. En primer lugar, el niño no pidió ser hipersensible y, en segundo lugar, depende de usted, como padre o maestro, y no como niño, transformar esta alta sensibilidad en algo positivo. Obligar al niño a cambiar podría ser muy peligroso y esto podría afectar su comportamiento de manera perjudicial. Por tanto, es muy importante que vea al niño como algo especial y no como un inadaptado. Vea la sensibilidad del niño como un *don*.

2. Anímelo siempre que muestre sus rasgos positivos

Hemos hablado de las ventajas y desventajas asociadas con los niños muy sensibles. Una forma estratégica de reducir este último tanto como sea posible es fomentar los rasgos positivos de su hijo. En la medida de lo posible, intente que su hijo vea lo bueno al mostrar sus rasgos positivos. Concéntrese en las fortalezas de su hijo. Ser padres de niños muy sensibles incluye apoyarlos, especialmente cuando han hecho algo positivo. Es su deber como padre o maestro ayudar a su hijo a darse cuenta de estas cualidades e incluso ayudarlo a querer hacer cosas más positivas.

3. Comprenda los sentimientos del niño

Un niño sensible tiene una gran cantidad de emociones de alto rango fluyendo a través de él. Por lo tanto, uno de los primeros pasos de un padre o maestro es comprender estos sentimientos. Debido a su alto nivel de sensibilidad, las emociones eventualmente pueden salirse de control. Ignorar este punto será un error. Aprenda a aceptarlo y sea receptivo a él.

4. Trate de tranquilizar al niño

Los niños altamente sensibles están constantemente conscientes de su entorno. Saben que se diferencian de otros niños y, a veces, lo ven en la actitud de los demás hacia ellos. Es probable que un niño sensible se sienta rechazado por sus compañeros y, como padre o maestro, debe recordarles constantemente que no hay absolutamente nada de malo en ser sensible. Anime a su hijo con sus palabras y con sus acciones para que no se sienta separado del mundo exterior.

5. Guíe al niño

En esta etapa de la vida, el niño necesita la mayor orientación posible. No basta con ver o aceptar que son sensibles. También es imperativo que esté presente como padre o maestro a la hora de tomar ciertas decisiones. Cree conversaciones regularmente con su hijo y ayúdelo a enfrentar sus situaciones sociales. Es probable que la interacción social sea difícil para un niño sensible. Su contribución al desarrollo de su hijo es sumamente importante. Trabajen juntos como un equipo y gradualmente; verá signos de progreso. No decida por su hijo. Ayude al niño a tomar las decisiones correctas y elógielo para ayudarlo a desarrollar su confianza en sí mismo.

6. Sea tranquilo y paciente

Lo más importante, como padre o maestro, es comprender que la paciencia es una virtud. Es probable que a veces lo pierda con su hijo porque puede tener diferentes perspectivas sobre las cosas. Aquí es donde debe tener en cuenta que su hijo muestra un rasgo de personalidad. Su hijo solo hace las cosas de la manera que sabe. Intente ver las cosas desde la perspectiva de su hijo y llegar a un acuerdo con él. Además, comprenda que es posible que las cosas no funcionen bien si intenta hacer cumplir sus propias creencias. Además, si está demasiado molesto para lidiar con su hijo, busque la ayuda de su pareja o aléjese a un lugar tranquilo hasta que pueda manejar la situación de una manera más perceptiva.

7. La planificación es esencial

Ya conoce la personalidad de su hijo. Ahora depende de usted planificar con anticipación para poder lidiar con su hijo altamente sensible. El primer nivel de planificación involucra a su hijo. Comparta sus planes con su hijo y asegúrese de que ambos piensan de la misma manera con respecto a cómo lidiar con su personalidad. Al planificar junto con su hijo, puede aprender ciertas cosas como lo que le gusta y lo que no le gusta, cuánta interacción social puede afrontar y qué tipo de actividades disfruta. Cuando involucra a su hijo en tales planes, está a la mitad del camino para ayudarlo a enfrentar situaciones potenciales.

8. Evite que acosen a su hijo

Los niños sensibles son presa más fácil para los matones, aparentemente debido a su personalidad. Un niño sensible hace las cosas de manera diferente a sus compañeros, y eso es suficiente para ser objeto de atención por parte de los acosadores. Como padre o maestro, debe proteger al niño de los acosadores tanto como sea posible. No puede estar con su hijo todo el tiempo, pero puede desarrollar su confianza. Cuando su hijo siente que puede compartir sus miedos con usted, sus niveles de confianza aumentan, y esto contribuirá en gran medida a protegerlo del comportamiento de intimidación. Intente que su hijo se sienta seguro continuamente y aumente su nivel de confianza. Como no puede estar con su hijo todo el tiempo, puede contar con las amistades conformadas por su hijo.

Importancia de la detección temprana de alta sensibilidad en niños

Tener un hijo muy sensible no debe considerarse un obstáculo. Es simplemente un rasgo neutral. Una forma de control de la situación para un padre o un maestro es poder detectarlo desde el principio. Este capítulo es muy importante cuando se trata de niños muy sensibles.

Para los padres, detectar si su hijo es muy sensible les ahorra un tiempo precioso de preguntarse si deberían preocuparse. Ahora que comprende lo que significa tener un hijo muy sensible, puede crear un entorno adecuado para su hijo.

Para los maestros, se pueden proporcionar experiencias de aprendizaje favorables para este tipo de perfil. Se puede construir un entorno de aprendizaje que coincida con las fortalezas del niño altamente sensible y desarrollar continuamente estos rasgos para convertirlo en una persona mejor y más capaz.

Capítulo 6: Las PAS y las relaciones

Enamorarse y estar en una relación conlleva muchos matices diferentes de emoción, y esto es para todos, ya sea para una PAS o no. A veces, parece imposible dominar las explosiones de felicidad del momento y prever las pequeñas gotas de tristeza que vienen inmediatamente después, típicas partes de una relación. En verdad, esta es una realidad para todos, pero es sumamente abrumador para una persona muy sensible.

En los capítulos anteriores, discutimos varias características que los hacen diferentes de los demás. Ya sea que se trate de ser intuitivo o muy sensible o de percibir las emociones de las personas, estas características pueden funcionar ventajosamente o no dentro de una relación.

Se les considera personas especiales, algo que ha sido justificado por el 20 % de las personas altamente sensibles en el mundo. Estadísticamente, ya se están mezclando con el otro 80 % del mundo de los no muy sensibles, y es probable que surjan relaciones entre los dos. Cuando uno se involucra en una relación con una persona que no es PAS, puede compararse con dos mundos diferentes que intentan formar una coalición. Se trata de dos personas con distintas peculiaridades psicológicas y emocionales. Dependiendo del nivel de conocimiento de ambas partes, estas relaciones pueden tener éxito o pueden fracasar. Tienen una visión diferente de la realidad, pero este don o rasgo podría ser la razón que los vuelva vulnerables en una relación. Y la mayoría no comprende la gravedad de sus rasgos cuando están en una relación, lo que hace que esas relaciones se desmoronen.

Cuando esto sucede, una pregunta popular que surge en la mente de un PAS es "¿Qué me pasa?". Para ellos, las cosas se vuelven abrumadoras y parece que, haga lo que haga, simplemente no pueden aferrarse a la relación.

Este punto se agrava en gran parte por la falta de comprensión. Incluso *ellos* no detectan sus propios rasgos y en cómo su sensibilidad puede afectar prácticamente todo.

Es por eso que este libro, y en particular este capítulo, ayuda a acortar la brecha de conocimiento y ver qué se puede hacer exactamente con las PAS y las relaciones.

La diferencia entre una persona muy sensible y una persona no muy sensible

Como se ha mencionado varias veces, una persona muy sensible es especial, pero ¿en qué se diferencian de una persona no muy sensible? La alta sensibilidad afecta sus relaciones. Los rasgos de personalidad incorporados tanto en una PAS como en una no PAS son suficientes para causar desafíos dentro de una relación. A menudo, la tarea consiste en ver cómo ambos difieren en sus personalidades.

Una forma crítica de separar a la PAS de una persona no PAS es observar el nivel de energía que se pone en la relación. Aunque prefieren quedarse solos porque creen que sus rasgos pueden ser perjudiciales o provocadores en una relación, se enamoran fácilmente. Tienen la virtud de sentir profundamente a las personas, y esas emociones pueden trascender en el enamoramiento. Debido a la atracción emocional y la atención que brindan, están llenos de esa alta energía.

Incluso si suena agradable para cualquiera, generalmente es el catalizador de los muchos desafíos que enfrentará una pareja que se jacta de tener al menos una persona muy sensible.

Ser una PAS significa que podrá darse cuenta de que su pareja no está de acuerdo con muchas cosas en las que usted cree. Su pareja no apreciará las mismas cosas que usted aprecia. La profundidad emocional en ambas partes es diferente, ya que es probable que su pareja no vea las cosas de la misma manera que usted, excepto que sepa reconocer que la profundidad de sus emociones es diferente. Cuando esto sucede, puede sentirse decepcionado o frustrado y aparecerán grietas en la relación. Incluso puede sentir que está a punto de desmoronarse. Cuando usted y su pareja son diferentes emocionalmente, comienza a exigir cosas que no pueden ofrecer. Su pareja no puede ofrecer estas cosas porque *no las entienden*.

El problema aquí no es ni siquiera lo que un compañero puede o no puede hacer. El problema radica en que no son capaces de darse cuenta de que su pareja no está al mismo nivel que ellos. Aunque las decepciones y los malos entendidos son normales en toda relación, son elementos que seguirán apareciendo si no buscan descubrirse a sí mismos. Parte de eso es ver cómo ser una persona muy sensible puede afectar sus relaciones.

¿Cómo puede afectar su relación el ser PAS?

Las PAS pueden hacer que una relación se sienta maravillosa y, a la inversa, también son capaces de hacer que una relación se sienta peligrosa. Pueden afectar su relación de forma positiva o negativa; dependiendo de cómo comprenda esa sensibilidad. Antes de pensar en construir un límite seguro, primero sepa cómo el ser una PAS puede afectar su relación positiva y negativamente.

1. Son atentos

Uno de los rasgos más comunes de estos individuos es su naturaleza observadora. Son buenos para estudiar su entorno y las personas que los rodean. Desde las cosas importantes hasta los más mínimos detalles, no se les escapa nada. Esto es particularmente especial en una relación porque al ser observadores, pueden extraer muchos detalles sobre su pareja. Si una PAS es muy buena observando, significa que es probable que busque cosas abstractas en su pareja, como su confianza, belleza interior o talentos. Tener una persona observadora como pareja es probable que aumente la confianza de ambas partes en esa relación. La desventaja de este alto nivel de observación es el comportamiento obsesivo que lo acompaña. La naturaleza observadora puede hacer que adopte una postura de juicio y es posible que siempre vea fallas en su pareja. Es probable que se tomen las cosas demasiado en serio y esto se convierte en una preocupación incluso para sus compañeros.

2. Son compasivos

Son muy compasivos. Parece que no existe hace daño en tanto amor, cuidado y apoyo hacia el bienestar de sus parejas, pero esta profunda conciencia y empatía hacia a sus parejas puede convertirse en un problema. Si pueden tomar demasiadas emociones de su pareja como propias, simplemente significa que experimentarán un flujo similar de emociones. Significa que, si su pareja está deprimida o triste, la pareja muy sensible también estará deprimida o triste. Las relaciones brindan un fuerte apoyo para el equilibrio emocional, y si una persona está deprimida, la otra debería poder brindar apoyo. Esto es difícil para ellos porque si su pareja suele estar de mal humor o ansioso, estarán constantemente de mal humor.

3. Son muy conscientes

Las PAS están bendecidas con el don de ser muy sensibles. Pueden ver las cosas desde muchos ángulos y, a menudo, establecen altos estándares para sí mismos. No hay nada de malo en tratar de ser mejores, excepto que cuando no cumplen con esos elevados estándares, cargan con una gran culpa. Que nadie sea perfecto no parece dar bien con ellos. Lo consideran un fracaso monumental y se necesita mucho tiempo para superarlo. En el proceso, se pierde la intimidad con su pareja y la distancia dificulta la relación. Parte del alto estándar para ellos podría ser la expectativa de que una pareja tenga los mismos rasgos que ellos. Esto significa que esperan que su pareja sea tan observadora y cariñosa como ellos, lo cual es normal y humano. La decepción se produce cuando no existe tal sentimiento de reciprocidad, y la idea errónea de que su pareja no lo ama puede volverse difícil de sobrellevar.

4. Son bondadosos

No existe tal cosa como ser demasiado cariñoso en una relación, pero para ellos, uno podría llamarlo una consecuencia involuntaria porque pueden captar cada detalle y cada elemento que denota cuidado por parte de su pareja debido a los rasgos asociados con ser una persona muy sensible. De esa manera, pueden satisfacer incluso las necesidades más pequeñas de su pareja, pero a menudo se olvidan de satisfacer sus propias necesidades. Si se preocupa tanto por su pareja y descuida sus propias necesidades, gradualmente se agotará y se sentirá agobiado. Ser cariñoso DEBE extenderse al cuidado de sí mismo y de los demás.

5. Cambios de humor

El estado de ánimo delata mucho sobre este tipo de personas. Puede que no exista un estado de ánimo constante con las PAS, su estado de ánimo cambia como el clima. Entonces, si una PAS es saludable, por ejemplo, es probable que tenga una presencia mucho más agradable cerca de su pareja, y la relación se llena incluso de energía. Pero pueden irritarse o enojarse con su pareja de un momento para otro. Ciertas actitudes de su compañero pueden estimularlo en exceso. Por ejemplo, si la pareja habla mucho o es muy activa, es posible que se disponga de poca paciencia.

6. Conformismo

Existe el peligro de que una relación entre una PAS y su pareja pierda el entusiasmo cuando haya una diferencia en las cosas que disfrutan. Pueden estar de acuerdo en cosas simples, algo como observar la naturaleza o ver cuadros en una galería de arte, pero las PAS suelen esforzarse para estar de acuerdo con los gustos y disgustos sociales de su pareja. Las personas tienen intereses diferentes, y cuando la pareja no tiene los mismos intereses que su cónyuge, esto puede interpretarse como una falta de amor o cariño, poniendo la relación bajo tensión. Aunque es habitual que se preocupen más por los intereses de su pareja, también se debe prestar la misma atención a sus propios intereses.

7. Malentendidos

Tras explorar su naturaleza en este libro y específicamente en este capítulo, es obvio mencionar que se los malinterpreta la mayor parte del tiempo. Procesan la información con tanta profundidad que a menudo les toma más tiempo mantenerse atento con una conversación, especialmente una de ritmo rápido. Cuando eso sucede, sus parejas suelen malinterpretarlos. Un compañero afectuoso debe ralentizar la conversación para tener en cuenta su necesidad de digerir la información con cuidado.

8. Son vulnerables

Las emociones y sentimientos de las PAS inundan su mente de manera rápida y pesada. Con ese sentido elevado de las emociones, puede ser difícil para usted expresar sus necesidades o deseos a su pareja sin que parezca que está exagerando. Las PAS tienden a hablar con una fuerte convicción. ¿Qué sucede? Por supuesto, la relación puede colapsar, aunque una explicación de la afección puede ayudar a la pareja a ser más receptiva.

9. Tiempo de inactividad

Algunas relaciones románticas terminan para las PAS porque están demasiado preocupadas por ser una buena persona en la relación, por no crear momentos de espacio personal (tiempo de inactividad). Dado que una persona sensible está sobreestimulada, se necesita constantemente un momento para calmarse. Ser una buena pareja no siempre asegura una relación exitosa, y debe recordar que la profundidad de las emociones que expresa no medirá su relación. Ambos dos son parte de la relación y ambos necesitan tiempo de inactividad.

10. Son fáciles de intimidar

Es probable que enfrentarse a su pareja sea un estímulo muy fuerte para una PAS. A veces les resulta difícil lidiar con todas las preguntas que se les plantean. Se vuelve mucho peor cuando sus parejas interpretan ese comportamiento como si estuvieran ocultando algo. Ser incapaz de lidiar con la confrontación puede evitar que seas honesto, lo que lleva a una relación fallida cuando tu pareja confunde esto con una falta de intimidad.

Cómo manejar su relación de la manera correcta

Se deben crear límites seguros en las relaciones románticas de una PAS. Esto se debe a que son vulnerables a cualquier tipo de relación. Con esos rasgos a la vista, puede convertirse en el centro de muchas fallas en su relación. E incluso cuando parezca que usted no tiene la culpa, su pareja puede echarle la culpa rápidamente a usted debido a su comportamiento. Los límites ayudan a evitar esto.

Esto no quiere decir que las PAS no deban enamorarse o tener una relación. Todos pueden estar en una relación, sean sensibles o no. Lo que significa es que deben comprender ciertos aspectos de sus rasgos.

El primero, y el más importante, es que debería verse a sí mismo como *dotado, (no maldito)*, como una persona muy sensible. De esta manera se quitan muchas dudas. Por supuesto, eso no significa que no deban pasar por el proceso de autodescubrimiento, y no significa que deba descuidar todo lo que se ha escrito en este capítulo. SIGNIFICA que se necesitan ciertos límites para protegerse del daño y el potencial de discusiones innecesarias.

Otro aspecto a considerar es que no todos verán las cosas como las ve usted. Hay muchos problemas que puede resolver con solo darse cuenta de esto. Todos tenemos una forma diferente de ver las cosas, sean sensibles o no, y eso significa que los sentimientos también serán diferentes. Aun así, como PAS, su pareja puede dedicarle atención y hacerle sentir el amor que desea.

Como persona sensible, mantener intactos sus límites le ayudará a mantener una gran autoestima. La autoestima es lo que mantiene a las personas sensibles bajo control mientras intentan ser quienes son. Pueden sobrevivir a una relación cuando tienen la mente abierta sobre su comportamiento y actitud, y se dan ese valor personal tan importante. Si padres positivos lo han criado como PAS, use su ejemplo para explicarle a su pareja cómo funciona su mente, haciéndoles conscientes de por qué necesita establecer límites y lo que puede experimentar si estos no están en su lugar.

Puede experimentar las mejores relaciones solo si realmente comprende su sensibilidad y la comparte con su pareja.

Capítulo 7: Opciones profesionales para las PAS

Todo el mundo dedica gran parte de su tiempo y energía a sus carreras. Es comprensible que las malas elecciones profesionales provoquen muchos problemas, y es mejor que hagamos algo que complemente nuestras habilidades y tendencias naturales. Descubrir qué tan bien se adaptan su personalidad y sus pasiones a su posible elección de carrera podría evitar que se arrepienta y se sienta insatisfecho.

Como almas sensibles que son, las PAS deben ser más deliberadas sobre sus elecciones profesionales, para que no terminen sintiéndose miserables. Debido a que no todos son iguales, lo que podría ser perfecto para uno podría no ser adecuado para otro. Aun así, tienen muchas opciones para elegir porque tienen mucho que ofrecer. Conocer sus fortalezas y debilidades hace que sea más fácil saber qué opciones profesionales son mejores para usted. Solo asegúrese de ser auténtico cuando trabaje, para que el trabajo no se convierta en otro desencadenante de estrés.

Ya sea que aproveche su creatividad o sus habilidades analíticas, su carrera debe hacerlo sentir con confianza. Para aquellos que tienden a pensar demasiado, sentirse constantemente incompetentes en el trabajo obstaculizará su productividad.

Factores a considerar al explorar opciones profesionales

En base a esto, algunos factores a considerar al elegir una carrera incluyen:

1. Pasión

Esto funciona para todos porque necesitamos involucrarnos emocionalmente en lo que sea que estemos haciendo para sentir un impacto. Siempre debe haber una cierta cantidad de impulso cuando elige el trabajo que desea hacer, ya sea que esté trabajando desde casa o fuera de ella. Trabajar no debe consistir solo en ganar dinero, sino en agregar valor y crear recuerdos duraderos.

Como PAS, aquí es donde quizás tenga que hacer un examen de conciencia. ¿Qué se encuentra haciendo que disfruta realmente y que no le importará seguir haciendo a largo plazo? ¿Dónde siente que sus habilidades prosperan más? ¿Qué tipo de trabajo le da un propósito? La verdad es que, no importa cuál sea su elección, habrá momentos en los que el trabajo parecerá abrumador, pero si le apasiona su trabajo, esa pasión lo motivará a superar esos problemas.

A menudo, vemos que las personas exitosas cambian de carrera porque simplemente no pueden dejar ir sus pasiones. Nunca es demasiado tarde para perseguir su pasión, pero cuanto antes lo haga, mejor. Para sentirse realizado, su carrera debe tener significado y alinearse con sus valores.

2. Tiempo

En promedio, un empleado a tiempo completo en Estados Unidos trabaja 38,6 horas a la semana y 1768 horas al año. No importa cómo se mire, es mucho tiempo. Por lo tanto, sería mejor si se asegurara de que cada hora valga la pena. ¿Está trabajando en este momento? Si es así, ¿está satisfecho con el lugar donde se encuentra y cree que está cumpliendo su propósito?

Al decidirse por una carrera, pensar en el panorama general puede parecer difícil, pero es necesario. ¿Cuántas horas puede trabajar en una semana? ¿En qué momentos del día es más productivo? ¿Cuánto tiempo piensa permanecer en su trabajo? ¿Tiene planes de crear una empresa? Las respuestas a estas preguntas determinarán qué tan bien le irá en la carrera que elija.

Además de estos consejos, aquellos que prefieren estar en su propio espacio y tomarse su tiempo en la toma de decisiones están mejor trabajando como autónomos o dueños de negocios que los empleados típicos de 9 a 5.

3. Habilidad

Además de estar motivado y tener todo el tiempo del mundo para un trabajo o carrera en particular, debe estar seguro de que puede hacer el trabajo. No es inusual ver que las cosas que pensamos que eran fáciles se vuelven mucho más difíciles. Un hecho que ayuda a aclarar esto es que el conocimiento, las habilidades y las capacidades son diferentes, pero todos son necesarios para prosperar en nuestras diversas carreras. "¿Cómo puedo notar la diferencia?", usted se preguntará. Bueno, esta pregunta es un buen disparador.

"¿Sabe cómo cortar el cabello?". Esta puede parecer una pregunta divertida. Su respuesta a esta pregunta probablemente sea sí. Pregunté cómo cortar el cabello, podría haber dicho "usando tijeras" o incluso ir más allá para explicar cómo cortarlo en secciones para lograr uniformidad. Eso es conocimiento básico para usted. Si se le pide que corrobore su habilidad, entonces allí sabremos si realmente sabe hacerlo bien. Alguien que no necesariamente sea peluquero, pero que sepa cómo producir buenos resultados, tiene la habilidad inherente (también conocida como talento). Alguien que demuestra experiencia y otorga un resultado deseable es experto en cortar el cabello. Es por eso que no acude a cualquiera para que le corte el cabello. Lo mismo ocurre con una trayectoria profesional.

A veces, su capacidad y habilidades pueden no estar al mismo nivel. Es posible que tenga una habilidad especial para escribir. Digamos que usted ganó todos los concursos de redacción en la escuela secundaria, pero ¿eso significa que tiene la habilidad para tener una columna en una revista empresarial? No, no es así, pero afortunadamente, las habilidades siempre se adquieren, y su determinación y esfuerzo marcarán la diferencia.

Nunca dejamos de aprender, así que además de sus habilidades innatas (ser empático, reflexivo, meticuloso y con inclinación artística) actualice su reserva de habilidades para seguir siendo relevante y capaz de hacer el trabajo. Esto le resultará un gran mecanismo de supervivencia porque todos sabemos cómo todo puede ser tan diferente para ellos.

Ahora que aclaramos esto, es posible que ya tenga excelentes ideas para su próximo trabajo. Si no es así, relájese mientras descubrimos algunas de las opciones profesionales que podrían ser excelentes para las PAS. Sin embargo, recuerde que todo se reduce a su caso particular. No elija una carrera profesional solo porque alguien diga que es la adecuada para usted. Debe asegurarse de que se alinee con su personalidad, ritmo, habilidades y visión.

Vayamos a eso entonces, ¿de acuerdo? ¿Cuáles son las mejores opciones profesionales para las PAS y por qué son excelentes opciones?

Opciones de carrera para las PAS

Servicios de salud

Ya sea que se trate de ese médico meticuloso que no se detiene hasta encontrar una solución a una anomalía, o de la enfermera más cariñosa que forma un vínculo con cada paciente, muchas PAS prosperan en el área de atención médica. Lo primero que llevaría a una persona a considerar la medicina o la salud como una carrera (además del deseo de ayudar a las personas y salvar vidas) es la curiosidad. Recuerde, las PAS siempre quieren saber un poco más a la hora de tomar las decisiones diarias. ¿Cuánto más cuando se trata de vidas? Estos campos también se alinean con otras fortalezas de las PAS como la empatía, la compasión y el conocimiento intuitivo de los sentimientos de los demás.

Además de ser médico o enfermero, existen otros aspectos de la asistencia sanitaria donde las PAS puede estar cómodas:

- Psicoterapia: uso de la psicología para resolver problemas de salud mental.

- Fisioterapia: tratamiento de enfermedades y lesiones a través de métodos físicos como masajes, tratamientos térmicos y ejercicio, en lugar de medicamentos o cirugía.

- Nutrición: usar la dieta adecuada para promover una buena salud.

- Coaching personal: seguimiento de los pacientes en el camino hacia el cuidado personal y el desarrollo de objetivos de salud a largo plazo.

Ciertamente habrá que lidiar con las emociones de otras personas, pero estas actividades les resulta muy atractivas. Mientras haya pasión, las variables son soportables. Además, siempre tendrá que experimentar las emociones de los demás, por lo que es mejor que lo experimente cuando trabaje en algo que ama y lo satisfaga.

Industria creativa

Si bien todos quieren verse a sí mismos como creativos, este rasgo es más evidente en ciertas personas. Somos testigos de la creatividad todos los días; desde las películas que vemos hasta los anuncios, las canciones que escuchamos e incluso los libros que leemos. Todos estos son productos de un proceso creativo. Si bien algunos creativos están a la vanguardia, como diseñadores de moda, músicos, artistas plásticos, actores y autores, otros trabajan detrás de escena para apoyar a los creativos o agregar estética a su trabajo, como editores, fotógrafos, directores, gestores de medios y diseñadores gráficos. Todas son personas que ponen a trabajar su talento artístico como un trabajo diario.

Con la forma en que notan varias sutilezas, se esfuerzan más para asegurarse de que su producción sea excelente y sin errores. Esto es gratificante y es una habilidad muy buscada en la industria creativa porque además del talento, la atención al detalle es importante para destacarse.

Además, los trabajos creativos se realizan fácilmente de forma independiente, e incluso de forma remota a veces, por lo que esto les brinda tiempo y espacio para aprovechar la creatividad interna y desempacar toda la información antes de entregar su trabajo. ¿No es asombroso? Si planea aventurarse por su propia cuenta, ser un profesional creativo es una forma de construir experiencias profesionales, establecer contactos y construirse como artista.

Academia

Aquí, se explora la perspicacia y la consideración de una PAS porque las carreras en el mundo académico giran en torno al asesoramiento, la enseñanza, las conferencias, la investigación y el análisis. Según un artículo de la revista Forbes, tienen mentes muy activas. Se mejora la parte del cerebro relacionada con la atención, lo que les facilita prestar atención a los detalles, planificar, tomar las decisiones correctas y utilizar la intuición. Por lo tanto, tienden a prosperar en lo académico.

Aunque la academia es un campo muy competitivo, les da espacio para aprovechar sus fortalezas. Incluso como estudiantes, tienden a ser los que retienen al profesor durante unos minutos después de la clase, para explicarles algún concepto porque les gustaría saber más sobre el nuevo tema que acaban de descubrir.

Dado que la investigación y el aprendizaje nunca terminan en este campo, se seguirá alimentando el deseo de aprender. Además, al sentir las emociones ocultas de los demás, un profesor PAS captará fácilmente las señales cuando los estudiantes no estén siguiendo una lección en particular y podrán cambiar de técnica para llamar su atención. Esta capacidad también es útil para los consejeros escolares. Los estudiantes estarán más abiertos a alguien que pueda relacionarse con lo que están pasando sin hacerles demasiadas preguntas o parecer críticos.

Otra cosa con los académicos es que puedes especializarte, por lo que no estás por todos lados. Solo le está enseñando a la gente lo que ya le apasiona, y puede tener un impacto y crear recuerdos significativos mientras hace su trabajo. A menudo escuchamos historias de éxito de personas basadas en cómo los académicos notables hicieron que el viaje a la cima fuera más fácil para sus estudiantes. Esto es simplemente una maravilla para los académicos, junto con muchas otras satisfacciones. ¿Cuánto más se puede esperar de una PAS que aprecia tanto las emociones positivas?

Trabajador autónomo

Si bien generar un impacto en una empresa puede ser satisfactorio, administrar el éxito de su propio negocio podría ser toda la tranquilidad que necesita para saber que es valioso para la sociedad. También puede sentir que sus ideas y esfuerzos son demasiado valiosos como para gastarlos en la construcción del imperio de otra persona, por lo que prefiere dedicar todo ese tiempo y energía a su propio esfuerzo. Se mire como se mire, administrar su propio negocio puede ser un soplo de aire fresco.

Sin embargo, no todo el mundo está a la altura de esta tarea porque mantener empresa tiene sus desafíos. Sin embargo, no temas si tienes una visión clara y puedes transmitirla a tus empleados y al entorno, ya que esos desafíos serán más fáciles de superar.

Otra ventaja es que puedes configurar tu espacio de trabajo a tu gusto, desde la decoración hasta los aromas y cualquier otro detalle que consideres importante. Además, puede administrar sus horarios. Usted sabe qué momentos del día son más productivos para usted, por lo que puede crear un horario en torno a sus preferencias y pasar el resto del día haciendo otras cosas significativas o bien descansando.

También es mejor trabajar con su equipo porque será más considerado con sus dificultades. También se preocupa por el bienestar de su gente, porque sabe que eso ayuda a la productividad, y todo va bien cuando está en el mejor estado de ánimo.

Recuerde que el estrés proviene de sentir que ha perdido el control de su entorno. Esto significa que ser dueño de su negocio reducirá sus niveles de estrés.

Trabajos sin fines de lucro

Trabajar para organizaciones sin fines de lucro puede no ser el trabajo soñado de muchas personas, pero podría ser muy satisfactorio para alguien que quisiera agregar valor y tener un impacto en el gran esquema de las cosas. En realidad, se trata del alcance. Si le apasiona una causa y sabe que hay organizaciones en las que puede brindar su apoyo no solo donando, sino también ofreciendo sus servicios, ¿por qué no lo haría? Pero al igual que cualquier otra profesión, esto tiene su otra cara. Las organizaciones sin fines de lucro pueden ser muy estresantes o incluso más difíciles que el trabajo del sector privado. Así que debe elegir con precaución.

A menudo piensan que las profesiones sin fines de lucro son una buena opción. Estas incluyen trabajo administrativo, trabajo de investigación de subvenciones, ayuda con la recaudación de fondos e incluso marketing y dirección de proyectos que ayudan a otras personas (dependiendo de cuán exigente sea el trabajo).

Manténgase dentro de la seguridad de sus capacidades. Además, no permita que el nivel de pago le pese mucho. Siempre puede elegir trabajos independientes a distancia en función de sus habilidades y ganar dinero extra.

Sector de TI

Dado que el mundo depende en gran medida de la tecnología, se necesitan personas confiables en el espacio de la tecnología de la información para asegurarse de que los sitios web no se bloqueen, las aplicaciones funcionen bien, los piratas informáticos no estén haciendo de las suyas y, en general, que el mundo de las TI siga progresando. Comprender la dinámica del software y el hardware informático, Internet y cómo se pueden usar para el bien de todos, y luego infundirlo en un trabajo basado en soluciones requiere creatividad, precisión y la cantidad adecuada de intuición.

Ya sea que se trate de codificación, programación, instalación de hardware o desarrollo web, su atención al detalle será útil. También necesitarán poca o ninguna supervisión porque son personas orientadas a resultados y no necesitan ser supervisadas para ser productivas. Sus patrones de pensamiento también serán necesarios a la hora de elaborar los algoritmos que se utilizarán y, en el caso de cualquier problema, harán todo lo posible para resolverlo.

Además de estas ventajas, los espacios de trabajo de TI suelen ser menos tensos que las oficinas típicas del sector privado, y los profesionales pueden hacer su trabajo sin distraerse. Aunque la actitud de sus colegas también contribuye en gran medida a determinar cómo le irá en su trabajo, esté abierto a la oportunidad de conocer gente, aprender de ellos y establecer contactos.

Hay mucho trabajo remoto en el sector de TI, por lo que puede trabajar desde la comodidad de su propio espacio, pero no tenga miedo de trabajar con otras personas. En este mundo no podemos sobrevivir sin otras personas. Por lo tanto, también puede ponerse de pie y enfrentar sus miedos, sabiendo que tiene un valor que aportar y que nadie puede hacer que se sienta menos valioso. Además, trabajar con personas con intereses similares mejorará su conocimiento y comprensión.

Reiterando lo que se mencionó anteriormente, estas son solo guías, no un plan. La decisión es vuestra. Si tiene una pasión fuera de estas opciones de las que puede hacer una carrera (después de sopesar los pros y los contras, como suele hacer), siga los pasos para asegurarse el trabajo de su preferencia.

Capítulo 8: Las PAS y las mascotas

Puede parecer confuso al principio, pero dos cosas que van juntas son las PAS y las mascotas. Eso se debe a que existe una conexión entre ellos y sus mascotas. En los capítulos anteriores, habrá encontrado indicios de por qué deberían tener mascotas, profundizaremos en este capítulo.

La investigación ha demostrado que las mascotas son muy beneficiosas para los humanos, pero su impacto en las PAS es enorme. Dra. Elaine Aron, autora de El niño altamente sensible, explica que las PAS podrían disfrutar de tener mascotas a su lado debido a su empatía y capacidad de respuesta emocional. Hablando de las PAS (en los niños), dice: "Ser sensibles a los animales que nos rodean puede beneficiarlos, no solo a su bienestar físico, sino también a su salud mental. Y nos conecta con personas sensibles, sutiles, discriminatorias y leales a sus amigos".

Tener mascotas puede ser una experiencia maravillosa, pero es una experiencia especialmente importante para estas personas, especialmente cuando son niños. Dado que los niños muy sensibles se encuentran en su etapa de desarrollo, es probable una mascota sea muy buena compañía. Existe esa conexión especial entre los niños sensibles y las mascotas, y a través de estas mascotas, los niños sensibles aprenden muchas cosas que ayudarán a su desarrollo emocional y conductual. Estos niños sensibles pueden contar con su "animal de compañía" y, curiosamente, estas mascotas también pueden conectarse con los sentimientos humanos. Por ejemplo, algunas investigaciones han demostrado que los caballos pueden leer las expresiones faciales humanas y también pueden recordar los estados emocionales de las personas y adaptar su comportamiento a ellos. Los perros producen los mismos sentimientos de amor humano y las mismas hormonas cerebrales cuando los miras a los ojos.

Es lógico recomendar una mascota a una edad temprana debido a lo temprano que aparecen estos rasgos de personalidad y debido a las súper emociones conectadas en sus cerebros. Los niños sensibles, especialmente, aprenden muchas cosas sobre las mascotas. Incluso aprenden sobre el dolor cuando estas mascotas mueren y, si bien suele ser un momento doloroso, les ayuda a desarrollar sus comportamientos y respuestas emocionales, preparándolos para el mundo.

Este capítulo profundiza en el mundo de las PAS y las mascotas, especialmente por qué perder una mascota es un gran problema para ellas y cómo pueden lidiar con la pérdida de una mascota.

¿Cuáles son los mejores animales para personas altamente sensibles?

A estas personas les cuesta moverse en sintonía con el resto del mundo debido a sus rasgos de personalidad. Aquí es donde un animal se convierte en su mejor amigo. Las investigaciones demuestran que los perros pueden reducir el estrés de un individuo y bajar su presión arterial. Específicamente, las razas como el Chihuahua, el Yorkshire Terrier y el Cavalier King Charles Spaniel son los mejores animales para las PAS.

Uno podría preguntarse qué es lo que provoca esta fuerte conexión o atracción con los animales. Aquellos que encuentran consuelo en animales tiernos y amorosos suelen entenderlo mejor.

¿Por qué la muerte de una mascota es tan difícil para una PAS?

Naturalmente, perder a una mascota querida es un gran problema para todos, sean sensibles o no. Las mascotas son muy importantes y apreciadas por sus dueños. Si es tan importante para la persona común, puedes imaginar cómo será para la persona sensible. Muchos animales proporcionan las señales emocionales a las que una persona sensible está acostumbrada, como amor, aceptación y apoyo. Y lo mejor de todo es que no tienen los problemas de tratar de explicarse. Aquí es donde las mascotas se vuelven importantes para ellos.

Con una persona común que podría ser o no sensible, es probable que tenga problemas basados en los rasgos de su personalidad (vea los capítulos anteriores). Pero como un perro no habla, puede moverse libremente y no preocuparse por sus acciones. Las PAS saben que los animales pueden ser fáciles de entender e incluso emocionalmente estables en comparación con los humanos. Por lo tanto, cuando pierden una mascota, su mundo se detiene por un período de tiempo hasta que gradualmente se recuperan y siguen adelante.

Los niños altamente sensibles sufren mucho dolor cuando pierden a sus mascotas. En un mundo en el que ser sensible puede hacerte parecer la persona más rara del mundo, los niños sensibles buscan consuelo en estas mascotas. Entonces, cuando una mascota muere, se deprimen y pueden sufrir un colapso emocional grave. Tener una mascota es terapéutico para la mayoría de las PAS.

¿Cómo pueden las personas altamente sensibles lidiar con la pérdida de mascotas?

Perder una mascota es un gran estrés. Dado que son pensadores profundos, procesan las cosas de manera diferente y, con mayor frecuencia, les resulta difícil superar a un ser querido o una mascota amada. Sienten estas pérdidas un poco más profundamente que cualquier otra persona.

Y si bien para ellos es un gran problema, todavía hay formas en que pueden hacer frente a la pérdida de sus mascotas.

1. Sienta la pérdida

Cuando pierde una mascota, siente que el mundo se le cae a pedazos. Entonces puede permanecer un tiempo entre los escombros. Es natural sentirse abrumado por sus sentimientos, y debe permitirse dejar salir sus emociones.

El duelo ocurre de manera diferente en diferentes personas y también ocurre en etapas. Muchos también experimentan el dolor en diferentes etapas y podrían volverse hipersensibles. Ser hipersensible no es exactamente algo que deba asociarse con las PAS, ya que incluso sin perder una mascota, se enfrentan a varios desafíos diarios. Cuando llegue el momento del duelo, lo mejor que puede hacer es no apresurarse ni forzarlo, ya que eso podría traerle otro ataque de problemas emocionales.

No se esfuerce en soltar. Es posible que no esté listo para seguir adelante, al igual que después de una relación fallida. No avanza rápidamente hacia otro o niega que está herido después de que el que pensaba que era su alma gemela lo engaña y lo deja. Llora, siente la pérdida, y en eso podría surgir la fuerza para seguir adelante luego de perder a su mascota.

2. Deje que las personas lo ayuden con su dolor

Ya se sabe que se aíslan, incluso cuando están en duelo. Parece incómodo decirlo, pero una persona sensible no puede manejar el dolor por sí sola. Esta es la parte en la que debe comunicarse con un familiar cercano o un amigo. Es natural sentir que nadie querrá asumir el rol de asociarse con usted debido a su rasgo de personalidad, pero se sorprenderá al descubrir que *existen* personas queriendo ayudarlo en su momento de necesidad.

Usted es quien debe abrir la puerta. Acepte amablemente cuando su familia y amigos se ofrezcan a ayudar. Está bien creer que puede curarse por sí mismo con el tiempo, pero puede subestimar el impacto positivo del duelo con sus seres queridos.

Es como si tuviera un hombro en el que apoyarse, un compañero con quien compartir la tristeza. Su mascota no puede volver con usted, pero el viaje que tiene por delante requiere su atención y compromiso. Los seres queridos son mejores para ayudarlo a comprender los beneficios de seguir adelante; puede ser difícil convencerse de una vida mejor sin su mascota.

3. Participar en diferentes actividades

Siempre se ha prescrito participar de varias actividades saludables frente al dolor. Esta es una gran técnica para cambiar el enfoque del dolor de perder una mascota o alguien querido. Hay varias actividades que puede realizar para distraer su mente, aunque sea temporalmente, de su estado de ánimo actual. Puede pasar el rato con sus amigos y familiares, o incluso mantener discusiones grupales con personas que también pueden haber perdido a sus mascotas y que han pasado por lo que usted está enfrentando. También puede escribir sobre sus sentimientos. Una buena forma de escapar del dolor es documentar sus pensamientos en un poema, prosa o ensayo. Esto es algo que puede hacer durante su tiempo a solas.

También puede honrar a su mascota haciendo una donación a cualquier organización benéfica para animales. Esa es una gran manera de sentirse aliviado del dolor, sabiendo que ha contribuido mucho al honor de su querida mascota. Es humano sentirse reconfortado por este acto y prácticamente demuestra cuánto amaba a la mascota perdida.

4. Busque ayuda

Los escenarios discutidos anteriormente pueden representar las experiencias básicas de perder una mascota. Para las PAS, perder una mascota puede ser demasiado difícil de soportar. Podría ser necesario mucho más que un simple consuelo para superar este dolor y, si no se tiene cuidado, podrían ocurrir graves complicaciones psicológicas. Ser sensible puede significar que podría ser demasiado difícil abrirse a sus seres queridos. En este punto, debe buscar atención antes de que las cosas se compliquen más.

Es importante comprender que, en esta situación, usted es su propio salvador. La simulación no ayudará, ni tampoco cerrar la puerta a los seres queridos. Tiene la clave para mejorar y buscar ayuda es una parte importante del proceso.

Como PAS, está bien no molestar o hacer que otros se sientan incómodos con sus demandas o necesidades. Una parte de usted le dice que aguante y que mejore usted mismo, y que no deje que nadie se entere de lo que está sintiendo, pero es posible que no encuentre la plenitud para sanar y lograr continuar solo. Este aspecto de recuperación es donde la familia y los amigos pueden hacer contribuciones notables y ayudarlo a recuperarse.

Comuníquese con amigos y familiares a su alrededor cuando se sienta extremadamente abrumado y tenga la sensación de que el impacto de la pérdida de su mascota o cualquier otra desgracia incontrolable se está volviendo alarmante. Por mucho que esté acostumbrado a encontrar una solución perfecta dentro de sí mismo, aprenda a llamar a familiares o amigos de confianza cada vez que sienta un sentimiento de tristeza inusualmente abrumador.

Capítulo 9: Recompensas de la naturaleza para las PAS

Al ser una Persona Altamente Sensible, ¿qué es lo que la *naturaleza* tiene reservado para usted? Puede parecer una especie de *compensación*. También puede parecer la influencia que tiene como persona altamente sensible. Si bien se ve en ambas perspectivas, debería inclinarse más hacia la última. Como PAS, sus sentimientos a veces pueden volverse abrumadores y hacen que obtenga respuestas y reacciones mucho más rápido que aquellos que no lo son. Existe una mayor capacidad para responder a los estímulos. La información se interpreta de manera diferente, a un ritmo diferente y con una reacción diferente que las personas que no son PAS. También hay una gran inclinación hacia la naturaleza y las cosas que traen paz, serenidad y ese estado de ánimo en el que usted, como persona hipersensible, suele disfrutar más (fuera del constante torbellino de su mente).

La naturaleza es una gran fuente de serenidad, y la serenidad es una gran cosa que las PAS necesitan ocasionalmente. Considere el escenario de una mujer hipersensible: la actividad constante de su ágil sistema nervioso y su mente siempre en movimiento toman información y la transforma en diferentes cajas. Ella examinará las cosas en su mente. El fuerte estruendo del ventilador la irritará repentinamente mientras el sonido lento, pero constante y rítmico, de las gotas del fregadero atraviesan su mente. El conflicto de pensamientos y emociones sumado a la cacofonía de estos estímulos, combinado con el pensamiento repentino de no lavar una prenda que había planeado lavar la semana pasada más el pensamiento de la interpretación incompleta de una página de una novela que leyó anoche ... es demasiada información para que cualquier ser humano la procese de una vez. Es un enorme peso aterrizando en el cerebro. Puede visualizar cuán conflictivo debe ser eso. En ese caso, dar un paseo al aire libre y disfrutar de la brisa de la tarde, por ejemplo, o ir a un bosque puede ayudarlo a aliviar toda la tensión acumulada. Habiendo experimentado tal situación, debe haber elegido en un momento, o en otro, dar un paseo al aire libre para tomar aire fresco y simplemente calmar su mente. Quizás no sabía cuánto lo podría ayudar salir al aire libre, pero se sintió atraído por la naturaleza. Ahora, comprende su relación con la naturaleza y cómo la naturaleza es un gran regalo para usted. Esta es una forma de que estas personas se sientan en control cuando los pensamientos se vuelven demasiado pesados para ellos.

Existe un impulso abrumador por interpretar y comprender los problemas más intensamente que otros, por observar y asimilar los detalles y conectarse en un nivel mucho más profundo e íntimo. Esto apunta sin duda a que tienen una conexión profunda e íntima con las personas y las cosas con las que entran en contacto y más aún con la naturaleza porque tiene un aura natural y tranquila. La naturaleza los recompensa con serenidad, un cálido abrazo y alivio del estrés y la ansiedad, y es un deleite para el sistema nervioso y los sentidos.

Cuando vislumbró el título de este capítulo, ¿también pensó en la naturaleza recompensando a las PAS dándoles ciertas ventajas sobre las no PAS? Todo está vinculado y conectado. La naturaleza no solo los recompensa dándoles el beneficio de un agradable paseo al aire libre; también se han beneficiado de las manos generosas de la naturaleza porque ella les ha regalado la capacidad de utilizar sus sentidos de manera positiva.

Además, pueden percibir la naturaleza, conectarse con ella y crear positividad a partir de lo que ofrece. Aquellos con una naturaleza altamente sensible han contado innumerables veces cómo amaban (cuando eran niños) y aún aman (como adultos) estar cerca de la naturaleza y disfrutar de los elementos naturales y lo increíble que les hace sentir. Es la forma en que están conectados. Si usted o cualquier PAS que conozca no ha descubierto las maravillas que abundan en la naturaleza, espero que pueda verlo ahora y consiga esa conexión, esa paz y esa calma.

¿Qué son las recompensas de la naturaleza?

1. La naturaleza es un estímulo y ayuda a calmar el sistema nervioso: Como persona altamente sensible, existe una necesidad constante de calmar los nervios, alejarse de los factores desencadenantes y experimentar paz sin dejar de tener aventuras durante ese viaje pacífico. ¿Qué crees que puede dar esa sensación? Solo la naturaleza lo hace. Se ha demostrado que los entornos verdes levantan el estado de ánimo de las personas y las alejan del caos, los conflictos y las situaciones inquietantes. Provoca mucha calma y diferentes dosis y matices de la belleza de la naturaleza. Naturalmente, hay entornos que mejoran su estado de ánimo, entornos con formas y colores emocionantes. El énfasis se extiende con ellos. Por lo tanto, la naturaleza trae una sensación emocionante con un tipo particular de paz sumada a la experiencia.

2. Enciende la creatividad (arte, escritura o pintura): Su naturaleza sensible crea una estructura tal que impulsa la creatividad en todas sus formas, principalmente como un medio de expresión y como una salida para dejar salir las emociones abrumadoras. ¡Qué gran ventaja! Para completar la ecuación, aparece la naturaleza y lo hace todo más efectivo. Los elementos de la naturaleza (los árboles, las hojas, la lluvia, la vegetación, la brisa, los animales) y cada parte de la naturaleza son inspiradores. Se ha demostrado que estar en un entorno natural es muy inspirador. Debido a su conexión con su entorno, es normal que sienta la necesidad de crear, inventar y hacer algo con lo que tienen frente a ellos. Ver la magnitud de la naturaleza a nuestro alrededor puede inspirar y encender el deseo de expresar (a través de dibujos, pinturas, escritos o ilustraciones) la belleza de la naturaleza, lo que significa para el individuo y lo que representa. La naturaleza los inspira a imaginar, crear y producir obras asombrosas y sorprendentes. Los lleva a un sentido más profundo e íntimo de conectividad y razonamiento que da como resultado la creación de resultados artísticos. La naturaleza, a su vez, enciende la creatividad durante un desbordamiento de emociones. La naturaleza se erige como una salida para darles la bienvenida, abrazarlos y animarlos a expresarse a través de la creatividad, no necesariamente observando este momento, sino simplemente estando en ese entorno natural de calma, paz y belleza lejos del caos.

3. Actúa como un alivio del estrés: El aura de un entorno natural emite automáticamente una sensación de alivio o una sensación relajante. La naturaleza puede aliviar un día difícil en el trabajo: una sucesión de eventos caóticos, una agenda ocupada, una fecha límite difícil, una serie de tareas, todo el ruido en su camino de regreso del trabajo, llamadas difíciles y el caos constante que acompaña a la vida diaria. El lugar ideal para relajarse y aliviar el estrés siempre se encontrará en la naturaleza. Estar en un entorno natural, estar cerca de la naturaleza y ver la naturaleza reduce el estrés, la ansiedad, la ira y el miedo reprimidos.

Los expertos en salud han confirmado que las personas se familiarizan más con el entorno natural, especialmente en momentos de angustia, miedo, ira o dolor. Se ha demostrado que estar en la naturaleza reduce la presión arterial, reduce los niveles de estrés e incluso regula la frecuencia cardíaca. La naturaleza nos ayuda a lidiar con el dolor y la tristeza porque, como seres humanos, somos propensos a quedar absorbidos por el entorno natural y encontrar una distracción en él mientras nos atrae hacia su simplicidad. ¿No es hermoso cómo estamos conectados naturalmente para estar absortos en la naturaleza y, por supuesto, cómo la naturaleza elige recompensarnos (especialmente a las PAS)?

4. Alarma: Ser sensible significa que puede notar, ver, observar y sospechar. Este tema no entra necesariamente en la naturaleza como entidad, pero la naturaleza se utiliza para aclarar la mente. Ver cómo estamos naturalmente hechos para ser sensibles puede ser una ventaja. Debido a la reacción aguda, profunda y rápida a los estímulos internos y externos, las PAS perciben fácilmente que algo va mal. (tanto dentro como fuera). Lo sienten incluso antes que nadie y, por lo tanto, pueden escapar de situaciones de riesgo, informarse a sí mismos y a otras personas del peligro que se avecina y actuar rápidamente. Ser muy sensible debe ser un regalo de la naturaleza al elemento humano de la intuición. ¿No le parece?

Consejos para disfrutar aún más de las recompensas de la naturaleza como PAS

1. Sumérjase en el abrazo de la naturaleza: Para aprovechar al máximo su "recorrido por la naturaleza" debe utilizar activamente su sensibilidad. Sienta que está presente en el momento y haga un esfuerzo deliberado para aprovecharlo eso al máximo. Es su naturaleza disfrutar del paisaje y todo lo que viene con él, pero es más beneficioso para usted cuando elige estar presente en el momento. Inhale y exhale profundamente, observe los detalles y disfrute del paisaje. Observe cómo las gotas de lluvia caen a la tierra, cómo los animales protegen a sus seres queridos, cómo comen, cómo se ven y cómo sale o se pone el sol. Las nubes dibujadas en el cielo son dignas de mención, ya que están cambiando constantemente. Observa cómo la brisa sopla tu cabello y calma tu mente. Los árboles se mueven al ritmo del viento. Simplemente observe los detalles, como lo haría normalmente, tratando de no pensar demasiado o procesar o incluso

calcular demasiado para no arruinar el momento. La naturaleza cura, así que déjela curar. La naturaleza calma, permita que lo calme.

2. Recuerde el objetivo principal: Su objetivo es la calma, la paz y la serenidad. La naturaleza lo ayuda a deshacerse de la ansiedad, el dolor, el miedo, la ira y lo ayuda a ganar paz y serenidad. Para obtener lo mejor de la naturaleza, debe concentrarse en por qué está ahí en primer lugar, especialmente cuando su mente comienza a divagar. Necesita hacer un esfuerzo consciente y subconsciente que le ayude a sentirse presente en el momento, lejos de la infinidad de pensamientos y complejidades que afectan su vida. Se supone que tomar sol en la naturaleza ayuda a distraerse de sus dolores, preocupaciones, miedos, ansiedades y lo ayuda a calmarse. Para ayudarlo a disfrutar del paisaje, esté en el momento y use sus sentidos para sentir la bienvenida del entorno. No permita que los pensamientos desagradables se interpongan en su camino (solo cuando necesite pensar las cosas de manera racional y necesite el abrazo de la naturaleza para ayudarle mientras lo hace). Para disfrutar mejor de los beneficios de la naturaleza, tenga la intención de disfrutarla.

Baños de bosque para PAS

El baño de bosque es un arte japonés considerado como una terapia natural. Se llama "shinrin yoku" y significa "bañarse en el bosque". El arte implica absorber la atmósfera del bosque con los sentidos o sumergirse en la atmósfera del bosque. Muchos científicos han investigado más a fondo los beneficios que abundan en la naturaleza y, específicamente, en los baños de bosque. Se ha encontrado que la conexión con la naturaleza, particularmente los elementos del bosque (en este caso), cierra la brecha entre el hombre y la naturaleza, causada principalmente por estar en interiores y apegados a herramientas tecnológicas. Un baño de bosque le ayudará a desconectarse de los entornos tóxicos, el apego tecnológico y las complejidades de su vida diaria. Lo conectará con las complejidades de la naturaleza y le permitirá usar todos sus sentidos (vista, oído, gusto, tacto y olfato) para relacionarse y conectarse con la naturaleza y, a su vez, obtener una sensación de relajación. Como persona hipersensible, usted podrá disfrutarlo mucho más.

Un estudio de la Agencia de Protección Ambiental reveló que el estadounidense promedio pasa el 93 % de su tiempo en interiores. Esto se debe a que las personas están inevitablemente expuestas a dispositivos tecnológicos (televisión, teléfonos móviles, tabletas, MacBook, computadoras portátiles y otros dispositivos electrónicos), lo que ha privado drásticamente a muchas personas del acceso a la naturaleza y sus beneficios. También se ha descubierto que para compensar esta pérdida de los dones de la naturaleza; no es necesario dedicarle una enorme cantidad de tiempo. Por ejemplo, para bañarse en el bosque, un promedio de dos horas es tiempo suficiente para obtener el efecto necesario. Los baños de bosque ofrecen muchísimos beneficios. Para obtener lo mejor de este regalo, todo lo que debe hacer es utilizar todos sus sentidos. Aspire la atmósfera, huela el aire, pruebe la atmósfera, toque los árboles, sienta la aspereza de la corteza, escuche el canto de los pájaros, observe cómo las hojas le saludan, deje sus dispositivos tecnológicos en casa y deje que su mente y su cuerpo hagan el trabajo. Deambule, respire, sienta, toque, huela y vea cuánto ha saboreado la serenidad y la belleza de la naturaleza. Después del primer intento, siempre querrá volver por más.

Capítulo 10: Consejos de autocuidado para las PAS

Se les han dado muchos sinónimos (algunos correctos, otros incorrectos, algunos aplicables y otros no tanto). Entre los sinónimos que se les atribuyen se encuentra sensibilidad de procesamiento sensorial, hipersensibilidad, introversión, timidez o alta sensibilidad, etc. Es importante señalar que la introversión y la timidez comparten características comunes, pero son diferentes. Habiendo notado esto y comprendido las características de una persona hipersensible, ¿cuáles son los consejos de cuidado personal que necesita para prosperar y aprovechar al máximo sus sensibilidades? Siga leyendo para obtener más información.

1. Establezca límites seguros: Como persona sensible, debe darse cuenta de que existen límites que debe crear y sostener para mantenerse sano, cuerdo y poder prosperar. Forzarse a entablar relaciones puede ser un gran riesgo para la salud. ¿De qué manera lo hace? Dejar entrar a demasiadas personas en su vida puede no ser el problema, pero dejar entrar a demasiadas personas innecesarias en su vida, como persona hipersensible, es un gran problema. Siente emociones mucho más profundas que las personas que no PAS y permitir que demasiadas personas que no entienden o ni siquiera les importa entender cómo usted se siente lo hará sufrir demasiado. Establecer amistades con personas que no se preocupan por usted crea riesgos de ser traicionado y herido. Forzar las relaciones puede incluir el pasar tiempo con alguien que no se preocupa por usted, que no lo entiende o que incluso quiere estar contigo, exponiéndolo a un dolor innecesario. Podría hacerlo sentir que ser sensible es algo negativo que hace que sus relaciones fracasen. Cuídese y dese espacio para prosperar, la oportunidad de crecer espiritualmente y ser feliz; esto se lleva a cabo, en parte, estableciendo límites seguros y no dejando entrar a cualquiera.

2. Sea sincero sobre cómo se siente: Cuando se deshaga de los elementos y personas innecesarios a su alrededor, sentirá ese soplo de aire fresco, de librarse de personas y/o situaciones tóxicas. Cuando se sienta así, podrá invertir en relaciones que signifiquen mucho para usted y los demás. Las relaciones saludables son muy importantes porque lo ayudan a crecer, lo levanta y lo ayuda a compartir sus cargas, a encontrar apoyo, consuelo, aliento e incluso validación. Cuando pueda diferenciar las relaciones valiosas de las que no lo son, aprenderá a ser más abierto en sus relaciones. Esto significa ser abierto sobre lo que siente, sobre lo que no le gusta, sobre lo que ama y lo que quiere. Puede generar confianza en sí mismo y hacer frente a cargas menos innecesarias. Ser abierto sobre lo que siente fortalece sus relaciones y evita que las personas se aprovechen de usted.

3. Aprenda a decir no: Para prosperar, debe aprender a decir "no" a las personas y situaciones que amenazan su paz, felicidad, salud y autoestima. La persona hipersensible tiene una probabilidad muy alta de sentirse exhausta, frustrada, molesta, triste o estresada después de una serie de tareas o situaciones agotadoras, manifestándose física, emocional o mentalmente. Usted lo sabe bien. Entonces, cuando surjan situaciones que comprometan su paz mental, felicidad, descanso, salud mental, salud física, emociones o reglas, siempre examine si vale la pena. Es comprensible que se preocupe, sentirse culpable por no poder ayudar o decir que sí, pero "no" es una decisión aceptable, y debe aprender a tomarla con confianza y sintiéndose cómodo.

Por ejemplo, tiene un día reservado con tareas que debe atender. Al final del día caluroso y agotador, se dirige a casa para descansar y sentirse mejor. Un colega en el trabajo se acerca a usted en busca de su ayuda con una tarea en particular. Sabe que le da vueltas la cabeza y que se siente agotado. Mientras tanto, la tarea puede esperar. También sabe que podría ayudar con eso incluso si no fuera en ese momento exacto, pero debido al miedo a decir "no" ayuda con la tarea y acaba más agotado.

Tal vez necesite estudiar para un examen que se realizará al día siguiente. Mientras estudia, su amigo viene y lo invita a una fiesta que se realizará esa noche. Primero, sabe que debe estudiar para su examen, y segundo, sabe que las fiestas lo estresan. Él sabía que usted debía asistir al examen al día siguiente y necesitaba estudiar. En segundo lugar, ya sabe que ir a fiestas le resulta estresante, pero su amigo insiste en que vaya a la fiesta. ¿Qué hace?

Es difícil para usted rechazar la invitación de su amigo, incluso si el próximo examen es una buena razón para no asistir. Necesita aprender a priorizar y ser disciplinado. Trate de comprender que no siempre se puede complacer a todos. El problema con esto es que también se faltará el respeto a usted mismo muchas veces. Entonces, para prosperar, debe aprender a decir que no.

4. Relájese: Es una obviedad mencionar en este punto que el descanso es muy importante, pero es necesario siempre hacer énfasis. Relajarse es una parte importante del cuidado personal. Lo ayuda a liberar la tensión reprimida, lo ayuda a recargar las baterías y lo ayuda a sentirse bien y a ver la vida con otros ojos. Hoy, mañana, siempre... necesita aprender a RELAJARSE.

5. Pase tiempo con sus seres queridos: Se ha demostrado científicamente que pasar tiempo con las personas que ama mejora su estado de ánimo, mejora la salud mental, lo ayuda a eliminar la soledad y mejora su autoestima. También le brinda una mejor perspectiva de la vida en general. Es una parte esencial del cuidado personal intentar en la mayor medida posible estar cerca de personas que mejoren su estado de ánimo y lo hagan feliz. Estas son personas con las que tiene una conexión y un vínculo instantáneos, con quienes la pasa bien y, por supuesto, personas que lo hacen sentir amado, apreciado y valorado.

6. Paseos en la naturaleza: Tal como se explicó en el capítulo anterior, la naturaleza es una actividad muy buena para mejorar el estado de ánimo y preservar la salud. Salga a caminar, disfrute de la brisa, sumérjase en el bosque, escuche a los insectos y pájaros, vaya a la playa, pase el rato en el parque (si se siente cómodo). Salga al aire libre y deje que el sol le sonría. Los paseos en la naturaleza no se limitan únicamente al día; la naturaleza también proporciona regalos por la noche. Las estrellas centelleantes brindan a los observadores de nocturnos beneficios como reducir los niveles de presión arterial, los niveles de estrés y ayudar a eliminar la ira, la ansiedad o el dolor. ¿No es mágico sentarse de noche y simplemente ver las estrellas brillar? Centrarse deliberadamente en sintonizar con la naturaleza nocturna es una gran idea de relajación.

7. Encuentre una conexión: Necesita estar con personas que sean compatibles con usted. Cargar con personas que no lo "entienden" y no pueden identificarse con sus sentimientos ni siquiera debería ser una opción. Deje que los tóxicos se vayan y siga adelante para estar con personas divertidas y comprensivas que lo ayuden a prosperar. De esta manera, no tendrá que preocuparse tanto por lo que deja escapar (ira, cansancio, tristeza, frustración, complejo de inferioridad). Relacionarse con personas que se preocupan por usted impulsa un crecimiento saludable y lo ayuda a sobrellevar mejor la situación porque estas personas comprenden sus necesidades, deseos, emociones, lo que debe y lo que no debe hacer. ¡No invierta en personas tóxicas, inútiles y negativas!

8. Abrace las pequeñas cosas: A menudo ignoramos las pequeñas cosas del día a día. Esas pequeñas cosas se acumulan para convertirse en las más importantes de su vida. Reforzando un punto anterior sobre la relajación, cree un tiempo establecido a solas para recargar (ya que esto le ayuda a funcionar mejor y sentirse renovado). Hacer pasatiempos, sumergirse en momentos hermosos, tomarse un tiempo para divertirse, salir con amigos y familiares y hacer lo que amas es bueno para usted. Estar con personas que se preocupan por usted, fortalecer los lazos y cambiar el aspecto de su hogar o habitación para que sea más emocionante, o incluso más relajante, puede ayudar. Dormir lo suficiente y hacer ejercicio son pequeñas actividades para las que solo necesita encontrar tiempo. Son una gran parte del cuidado personal, aceptarse y abrazarse deliberadamente a sí mismo, los sentimientos, los defectos, las victorias y las pérdidas, y reconocer cómo lo han hecho crecer. Reflexionar deliberadamente y mostrar gratitud por el crecimiento contribuye en gran medida a que usted prospere e incluso comience a hacerlo mejor.

9. Permita la vulnerabilidad: Reconocer que usted es sensible lo ayudará a lidiar mejor con la sensibilidad y podrá aprovecharla mejor. Permitir las vulnerabilidades implica que no está tratando de ocultar o negar su sensibilidad. Más bien, la está abrazando. Se ha descubierto que las personas que se abren sobre sus sentimientos e incluso sus deficiencias tienden a ser capaces de manejar la vida mejor que aquellas que no lo hacen. Permitir su vulnerabilidad significa darse a sí mismo una voz, hablar, demostrar que es un ser humano. Le da la oportunidad de descubrir nuevas experiencias, cosas nuevas sobre usted mismo que ha estado escondiendo o negando. Permita que su pareja o amigos con los que habla lo entiendan mejor y lo ayuden a atravesar tiempos difíciles. Es más saludable reconocerse a sí mismo y todo lo que viene con usted (fortalezas y debilidades) porque le ayuda a superar las fases de oscuridad, cansancio, debilidad e incluso dolor. Es parte de los consejos para un óptimo cuidado personal. Habiendo hecho hincapié en ser vulnerable, ¿con quién y con quién debería abrirse? Se trata de una cuestión importante. Preste atención.

10. Cultive relaciones estables y genuinas: Podría ser mera compañía, relación o amistad platónica. Puede ser lo que usted quiera, pero lo más importante es que debe ser genuino: las amistades deben ser con personas que pueden comprender su sensibilidad y ayudarlo a trabajar con ella. Usted lo sabe bien. Ya conoce a aquellos que están genuinamente conectados con usted y se preocupan sinceramente. Pueden ser sus padres, su mejor amigo, su pareja romántica, su compañero, su hermano o un familiar. Es importante tener a alguien que lo respete y que no lo haga sentir mal por sentirse como se siente.

11. Encuentre un tiempo tranquilo a solas: Es importante tomarse un tiempo para disfrutar a solas. Alguien con sensibilidad tiene un procesamiento sensorial y un sistema nervioso hiperactivo y necesita tiempo a solas para examinarse y conversar consigo mismo. Es necesario crear tiempo para calmar los nervios, reflexionar y procesar las cosas con cuidado. Necesita tiempo para ver su entorno, pensar en sus experiencias y crear cosas increíbles mientras ocupa su propio espacio. Este tiempo a solas ininterrumpido le da a su mente tiempo para llenarse de ideas brillantes, pensamientos e innovaciones para crear soluciones alucinantes.

Otra ventaja de pasar tiempo solo es que se entenderá mejor a usted mismo, lo que lo llevará a tomar decisiones más racionales y lo ayudará a prevenir el agotamiento porque se está dando tiempo para respirar antes del desgaste total. También lo ayuda a descubrir su propia voz y a utilizarla de forma más activa. Es una excelente manera de ejercitar el cuidado personal.

12. Canalice su energía y emociones en actividades creativas: Su naturaleza sensible puede hacer que sus sentimientos parezcan abrumadores. ¿Ha pensado alguna vez en hacer un mejor uso de estos sentimientos abrumadores? Puede obtener una suma de sus sentimientos, pensamientos, imaginaciones, experiencias y expresarlos de la forma que desee para sacarlos de su sistema. Podría ser vocalmente, podría ser a través del arte, la escritura, la pintura o el dibujo. Hacer algo que valga la pena con su tiempo le hará sentir una sensación de validación y logro y mejorará su autoestima. Su capacidad para sentir activamente las cosas/personas que lo rodean (en comparación con las personas que no son PAS) es un privilegio y una ventaja que no debe tratarse a la ligera. Sea creativo, póngase en marcha.

13. Comida: Consuma comidas nutritivas y beba mucha agua. No se debe olvidar la importancia de una buena alimentación. Alimentar bien su cuerpo es vital para una buena salud y fuerza, y el agua es beneficiosa para mantenerse hidratado. La persona hipersensible necesita esto mucho más que los demás. La reacción acelerada y de mayor frecuencia a los estímulos los hace enojar, irritar o agotar cuando tienen hambre o se deshidratan. Tenga esto en cuenta y cuídese bien para no perjudicar su humor.

15. Sepa qué funciona para usted y qué no: Hacer una autoevaluación seria para saber qué funciona para usted y qué no es fundamental para vivir una vida feliz, más aún para una PAS. Habrá situaciones y personas que hayas visto y gustado, y situaciones/personas que encuentres inaceptables. Examínese para descubrir cómo le hacen sentir las fiestas. ¿Qué efecto tiene sobre usted el ruido o la música fuerte? ¿Qué significa socializar para usted? Examinar de cerca sus gustos y disgustos le ofrece la opción de ponderar las opciones con cuidado *antes* de meterse en situaciones que lo dejarán irritable o infeliz. Sabrá cuánto trabajo puede hacer a la vez, si puede soportar la música fuerte o no, y si está bien compartiendo experiencias con cierta persona. También sabe si está de acuerdo con los arreglos improvisados y cómo reacciona a la bebida (¡y a los borrachos!). Comprender los entornos en los que usted prospera o no es clave para reconocer a las personas y los entornos que amenazan su tranquilidad. En particular, estas personas o cosas no tienen por qué ser necesariamente malas, es posible que simplemente no estén a la par con su energía. Mantenga su espacio libre de cualquier toxicidad personal.

Las PAS está bendecidas, hay abundantes consejos para ayudarlo a prosperar y ayudarlo a cuidarse, haciendo un gran uso de su sensibilidad. Tres formas principales de descargar su estrés son:

- A través de la naturaleza (caminar, nadar, inmersión en el bosque, observar las estrellas)
- A través de la expresión de la creatividad
- Haciendo catarsis (vulnerabilidad)

Recuerde siempre que tiene el control de su vida y que es una buena idea mantenerse alejado de los factores desencadenantes que pueden sobrecargarlo. Si enumera estas cosas que lo ponen a toda marcha, puede usar esa lista para decidir qué es y qué no es aceptable en su vida, y esto hace que su vida sea mucho más fácil de manejar.

Capítulo 11: Aprovechar el poder oculto de las PAS

Usted es una especie de superhéroe. No es como Superman, bien visto y trabajando al aire libre, sino más como Batman, que trabaja en la oscuridad, pero es muy efectivo. Sus sentidos, como un imán, se sienten atraídos hacia los detalles. Son más sensibles a los acontecimientos que les rodean y sienten mucho más profundamente que las personas que no son PAS. Esto puede ser una desventaja si no se utiliza adecuadamente, pero una gran ventaja si se canaliza de la manera correcta. Una apreciación adecuada, seguida del uso adecuado de los poderes de este rasgo, es muy eficaz en diferentes situaciones, desde el entorno laboral y la escuela, hasta el bienestar general, ya que se ha enfatizado que el rasgo de la personalidad es una gran influencia.

Uno de los rasgos de personalidad de la PAS es la capacidad de prestar gran atención a los detalles. Esta capacidad, que muchas personas pueden llamar trastorno obsesivo-compulsivo, se puede aprovechar para hacer cosas asombrosas con usted mismo, con sus momentos, imaginaciones, experiencias y con quienes lo rodean. La creatividad se enciende e inspira más en las personas hipersensibles que en las que no lo son. Invariablemente, esto da como resultado una explosión de talentos entretejidos en obras asombrosas (la mayoría de las veces, en el campo del arte). Un talento tan grande aprovechado adecuadamente puede hacer que uno sea bueno para pintar, dibujar, escribir (con énfasis en la escritura creativa), tallar y otros tipos de obras de arte. La hipersensibilidad es poder y es difícil aprovecharla la mayor parte del tiempo. La sensibilidad lo hará sentirse desnudo, real y abierto, y querrá resistir su realidad sensible porque probablemente lo haga sentir débil. No se resista, aproveche y cree las cosas más alucinantes utilizando su poder. ¿Qué poder?

Una característica importante que se nota fácilmente en las PAS es la tendencia a disfrutar de la soledad. Hay poder en unirse para lograr algo. Aun así, cuando se trata de una lluvia de ideas y planificación personal, especialmente cuando se crea algo artístico o creativo, la soledad conlleva mucho poder. Hay algo en esa tendencia que tiene una serie de ventajas. A continuación, se muestran los poderes ocultos de la persona altamente sensible.

1. Evite las distracciones inducidas por la socialización: Un poder importante que tiene es que prefiere estar solo la mayor parte del tiempo para pensar, observar, resolver y hacer las cosas. Esto ayuda a ahorrar tiempo y a mantener la energía positiva de sentirse cómodo. También es más probable que aprecie la madre naturaleza y el valor estético de las cosas. También descubrirá que suele ser más amable con la naturaleza y la trata de mejor manera. Puede maximizar el tiempo para usted, para el cuidado personal y para otras tareas que debe realizar. Muchas personas en las relaciones nunca han experimentado el poder de estar solos. Al final de una relación, se sienten incompletos. Cuando conoce el poder de ser usted mismo, eso le da fuerza personal y un gran sentido de confianza.

2. Piense profundamente y analice críticamente personas y situaciones: La hipersensibilidad le permite ver y asimilar detalles y utilizar adecuadamente esta información. Este rasgo de personalidad también le permite observar a las personas y analizar situaciones mediante la eliminación de estímulos externos no deseados. Esto lo convierte en un pensador más profundo con un mejor ojo para los detalles que la persona promedio. Es probable que detecte dentro de una habitación a la persona con el zapato extraño o a la persona que está triste, pero lo camufla con una sonrisa. También es más probable que detecte a personas que no son genuinas en las relaciones que lo rodean, pero tu espíritu empático podría tener dificultades para deshacerse de las personas así. Ser sensible es un poder enorme, y cuando se usa correctamente, funciona para un bien mayor.

3. Excelente en el trabajo en equipo: Cuando usted se cuida bien, se valida e invierte tiempo y energía en cosas que importan, puede desarrollar el amor propio. Este amor propio favorece el desarrollo y el crecimiento personal, lo que hace que las metas personales sean alcanzables y ayuda a maximizar los talentos y las habilidades. Irónicamente, dado que se asocian principalmente con la soledad, podría pensarse que no les irá bien como parte de un equipo. La realidad: Es mucho más probable que les vaya mejor en un equipo que aquellos que no son PAS. Mírelo de esta manera. Son más sensibles. Pueden hacer las cosas de forma más rápida y completa y proponer ideas y creaciones inteligentes a partir de su imaginación, observaciones y una rápida atracción por los detalles. Entienden a los miembros del equipo y les dan oportunidades de prosperar debido a su naturaleza altamente empática, sensible y comprensiva. Es probable que le vaya bien como miembro del equipo, especialmente en un campo que implica medir los sentimientos de los demás, como en organizaciones de caridad y equipo humanitario, pero tomar una decisión o un papel de alta presión podría plantear un problema.

4. Creatividad: Su imaginación y creatividad tienen cierta chispa. La sensibilidad lo enciende con una pasión por la creación, especialmente cuando está en un entorno de inspiración. Sentir cosas y emociones incluso cuando otros no pueden es una gran ventaja para usted y canalizarlas en la dirección adecuada es lo que las hace poderosas. Desde lo tangible e intangible, se puede visualizar y luego crear.

5. Crea relaciones profundas: Esto se debe a la naturaleza hipersensible de sus emociones y a la reacción a los estímulos. Puede comprender a los demás incluso antes de que le expliquen lo que está sucediendo. Hay un comportamiento empático enorme arraigado en su rasgo de personalidad y ponerlo en buen uso puede ayudarle a construir vínculos y relaciones fuertes y poderosas. Se puede comparar a tener una lente para ver a través de las personas. ¡Qué gran poder! Usted es muy empático y sensible con las personas y el medio ambiente. Es un amante, amigo y colega más considerado y puede identificar y compartir la miseria de los demás, ya que puede imaginar lo que se siente estar en su lugar. Esto lo convierte en una personalidad más confiable y amable en general.

6. Adaptación: Hace siglos, todos los perros eran salvajes. Luego vino el hombre y los domó. Los sacaron de la naturaleza y los llevaron a un nuevo entorno. Los perros pudieron ver el entorno del hombre y luego se adaptaron gradualmente. La adaptabilidad es una característica esencial no solo de los animales, sino de todos los seres vivos. Esta cualidad es más potente, ya que es más probable que se tome el tiempo para ver e interiorizar el entorno. Es un maestro adaptador, una habilidad muy útil aplicable en todas las facetas de la vida, observando y adaptándose rápidamente.

7. Muy empático y solidario: ¿No es una superpotencia la capacidad de sentir tan profunda e intensamente lo que siente usted y los que lo rodean? Es algo que hace que su mente sea única y se preocupe y comprenda la naturaleza. Ser empático lo ayuda a construir relaciones sólidas con las personas que lo rodean y lo ubica como un excelente jugador y líder en equipo. La compasión es un regalo que el mundo necesita; ver a alguien que pueda dárselo fácilmente es otro regalo. ¡Ya es un plus! Su trabajo es demostrar cuánto vale ejerciendo sus habilidades correctamente. Al hacer esto, puede construir vínculos fuertes, ayudar con consejos, ofrecer ayuda a otros e incluso aprender más sobre usted mismo y los demás y la mente humana en general. Hay satisfacción al ofrecer ayuda, cuidado, amor, orientación o una forma u otra de apoyo cuando las personas lo necesitan. Una forma clave de maximizar este poder es tomarse en serio el cuidado personal y no descuidar el propio cuidado personal al sentirse abrumado por el manejo de los problemas de otras personas. El rasgo de sensibilidad lo ayuda a comprender más a las personas y a relacionarse mejor con ellas.

8. Tendencia a convertirse en un buen líder y padre: La capacidad de pensar rápido, observar, preocuparse por los demás, pensar bien y pensar creativamente, todo hecho en una sola persona, es una cualidad enorme. Puede tomar decisiones considerando lo que sentirán sus compañeros de trabajo, seguidores, estudiantes, niños, clientes o miembros del equipo. Solo unas pocas personas pueden hacer eso, pero su capacidad sensible lo respalda. Se trata de saber usarlo de manera efectiva. Su naturaleza sensible viene con desventajas que pueden interferir en su vida e incluso pueden causarle una mala racha. Recuerde, está asumiendo muchas emociones. Saber cómo equilibrar las cosas le evitará sentirse abrumado. ¿A qué me refiero con desventajas? En un caso en el que lidere a un grupo de personas en un proyecto en particular, puede haber alguien en ese equipo que parezca querer aprovechar su sensibilidad en cada oportunidad que tenga. Constantemente pone falsas excusas para saltarse el trabajo y las obligaciones porque sabe que usted es sensible y es más probable que le crea. También saben que usted se sentirá preocupado, mostrará preocupación y permitirá su ausencia del trabajo y se aprovechará. ¿Qué hace en tal caso? La misma sensibilidad que lo hace sentir preocupado por las personas es la misma sensibilidad que lo ayudará a descubrir si alguien es genuino o no. Solo debe prestar atención y equilibrar la sensibilidad y la racionalidad para lograr los mejores resultados. Sea empático, pero dese una voz también.

9. ¿Cómo su sensibilidad lo convierte en un buen líder?: Usted es emocionalmente inteligente. No se debe subestimar la capacidad de leer la mente y las emociones de los demás. Invariablemente, no se atreven a ser subestimados. Puede ver y comprender qué o cómo se sienten las personas y saber lo que piensan incluso antes de preguntar o hacer que digan lo que piensan. Un líder, socio, padre o miembro del equipo emocionalmente inteligente se ganará la confianza, el apoyo y la seguridad de los demás. Las personas a las que dirija entenderán que usted les muestra cariño y preocupación y que entenderá cuando se acerquen a usted con sugerencias, comentarios, preocupaciones, miedos o cualquier cosa que pueda desarrollarse en su relación con ellos. Pueden abrirse más a usted y conseguir su conmiseración, felicitaciones, solidaridad, acuerdo o corrección. Construirá una relación de puertas abiertas y llena de confianza, y esa es una forma saludable de avanzar para cualquier relación que desee. Cuando las cosas van mal, pueden ayudarlo a evaluar situaciones. Pueden hablar libremente con usted, corresponder su preocupación también y trabajar de manera aún más efectiva y eficiente. Como persona hipersensible, puede notar, cuidar, sentir, comprender, interpretar y crear a partir de estos activos. Es poderoso y puede usar ese poder para hacer que sucedan grandes cosas que la gente apreciará y quedarán impresionados.

Los poderes que lo colocan como más valioso que otros son:

• Capacidad para observar hasta el más mínimo detalle

• Inteligencia emocional

• Grandes habilidades de comunicación

• Habilidades de resolución de problemas (creatividad)

Todas las ventajas mencionadas anteriormente no son bonificaciones puramente refinadas que vienen con la hipersensibilidad; más bien, debe construirlas. Necesitará forjarlas. Usted tiene ese poder, pero debe aprender a usarlo. Al aprovechar sus poderes ocultos, también debe tener en cuenta que debe haber un equilibrio, para que no se lastime a sí mismo ni a los demás ni se sienta abrumado. Prepárese mental y emocionalmente para arreglos improvisados o circunstancias inesperadas, para que no lo pillen desprevenido y tenga que hacer que sus habilidades sean irrelevantes. Encontrar un equilibrio le ayudará a superar las desventajas que conlleva este poder. Vea su sensibilidad en cuanto a lo que es: su mayor poder. La sensibilidad es solo un problema si lo abordamos con la mentalidad equivocada. Se trata de la cómo se mire. Reconocer, apreciar y usar el poder de la sensibilidad es lo que la convierte en un poder.

Capítulo 12: La contribución de las PAS

¿Por qué son tan importantes en el mundo?

Las PAS tienen innumerables contribuciones que agregar dentro y fuera de la sociedad en la que se encuentran. Las PAS son alrededor del 15-20 % de la población mundial. No es de extrañar que varias personas no entiendan lo que se necesita para ser altamente sensible, ni entienden por qué las personas hipersensibles están configuradas de esa manera o incluso lo que significa ser muy sensible. Otros confunden el rasgo de sensibilidad con una especie de debilidad o insuficiencia. Mientras tanto, la ironía es que las personas hipersensibles son las que más ayudan a las personas no hipersensibles. La hipersensibilidad es un rasgo de personalidad único, y los demás deben comprender que la sensibilidad no es una debilidad. Debe pensarse como una fortaleza. Cuando otras personas comprenden, reconocen y aceptan, pueden manejar adecuadamente los rasgos para lograr los mejores resultados. Saber que la hipersensibilidad es un rasgo poderoso no es suficiente para tener un impacto. Usarlo bien es lo que causa el impacto. Sin embargo, ¿cuáles son las contribuciones que debe hacer? Para tener una idea completa de eso, hagamos un autoexamen rápido.

1. ¿Lo han catalogado en algún momento como débil por ser sensible? Más tarde, ¿su sensibilidad le ha hecho ofrecer ayuda a esa misma persona que te llamó débil?

2. ¿Ha podido ofrecer ayuda, consejo, consuelo, preocupación o apoyo de cualquier tipo a alguien simplemente siendo emocionalmente inteligente y sintiendo que algo andaba mal y ofreciéndose a ayudar?

3. ¿Ha podido ayudar a alguien a ser más abierto con sus emociones o darse cuenta de quiénes son simplemente con preocuparse, escuchar y ser empático?

4. ¿Ha creado usted, a través de su hipersensibilidad, una obra maestra (obra de arte) simplemente entretejiendo sus sentimientos y observaciones en una expresión asombrosa?

5. ¿Alguna vez ha sido capaz de sentir cosas tan profunda e intensamente que consigue ayudar a las personas en su camino simplemente prestando atención?

Hay multitud de preguntas y multitud de respuestas que examinar, pero como el objetivo es aclarar un punto, profundicemos en "la contribución de la persona altamente sensible".

Algo se mencionó acerca de que las personas hipersensibles son las que ayudan a quienes no son hipersensibles. Contrariamente al mito de que son demasiado emocionales y débiles y, por lo tanto, necesitan ayuda. ¿Cómo es que pueden ofrecer ayuda? Experimentan estímulos emocionales a un ritmo mucho más rápido que las personas no sensibles. Puede sentir cosas que suceden o algo que está a punto de suceder desde la distancia. Cuando algo sucede, cuando se producen sonidos, cuando algo sale mal con alguien más, lo siente más profundo y más rápido, y esto hace que todos se pregunten cómo lo hace. Les ayuda a sentir lo que es el mundo a través de sus ojos y sentidos extrapoderosos. Cuando su amigo se mete en problemas y usted se pone nervioso y emocional, la gente se pregunta por qué siente las emociones con más intensidad que los demás. La respuesta simple a estas preguntas es que siente que se preocupa y ayuda. Las personas hipersensibles están programadas para ser más emocionales, afectuosas y preocupadas por los demás, incluso más que por ellas mismas. Están profundamente preocupados por su medio ambiente, la naturaleza y todo lo que se une para formar este mundo. Por lo tanto, usted, como PAS, descubrirá que constantemente desea expresarse. Buscar, escribir, pintar, ayudar y estos elementos combinados para influir en su crecimiento como individuo porque hay satisfacción en la expresión, y eso incluye OFRECER UNA MANO o HACER ALGO ESPECIAL.

Eche un vistazo a la mayoría de las personas que resultan ser:

1. Psicólogos
2. Docentes
3. Consejeros profesionales
4. Creativos (escritores y artistas)
5. Padres geniales

Adivine... ¡Son PAS! Porque se conectan con el mundo en un nivel más íntimo y buscan fervientemente un medio para dar a conocer sus hallazgos a partir de su conexión con el mundo. Entienden cómo se siente la mente humana porque han estado atrapados allí muchas veces. Ha nadado hasta las orillas desde lo más profundo de su mente cuando cayó en una fase de intensa emoción. Sabe lo que se siente por haber estado allí, además tiene una súper habilidad para relacionarse con los demás y comprenderlos. Una combinación de estos dos da como resultado que usted lea a las personas, las comprenda e incluso las guíe en tiempos difíciles.

Las personas altamente sensibles son excelentes maestros debido a su naturaleza empática y su capacidad para conectarse y relacionarse con los demás. Los consejeros también suelen ser PAS porque, al igual que usted, se han ocupado de diferentes fases de sus vidas (especialmente durante la fase de la vida en la que malinterpretaron lo que significaba su sensibilidad). A través de ciertas fases de prueba, saben lo que se siente estar perdido, triste, deprimido y confundido. Ellos también necesitaron una guía y la encontraron.

La sensibilidad enciende la creatividad, despierta sus sentidos a la realidad de la vida e incluso a la fantasía de la vida. Despierta la imaginación y el afán de crear. Las emociones más intensas despiertan sus sentidos para crear algo y encienden aún más su pasión por expresarse desde la conciencia. A partir de esto, no solo está creando simplemente para crear, sino también para crear un gran trabajo.

¿Por qué son grandes padres? Tienen empatía, inteligencia emocional, buenas habilidades de liderazgo y la capacidad de conectarse con otros humanos de manera intensa. Todas las características que los caracterizan son invariablemente lo que los convierte en grandes padres. Los pocos puntos enumerados anteriormente arrojan luz sobre cuánto valor tiene para contribuir al mundo en general, no solo por ahora, sino de generación en generación. Afectar vidas a través de la terapia, la crianza de los hijos, la creatividad, el asesoramiento, el liderazgo, las relaciones y estar programado para ser un buen ser humano generalmente son contribuciones más que suficientes al mundo en que vivimos. Aún hay más:

- Servicio de voluntariado a la humanidad

- Vínculos

- Ayudar a las personas a ser más abiertas y enseñar a otros cómo conectarse con ellos mismos

Este capítulo abordó sutilmente lo que puede ofrecer como PAS. Abordó qué beneficios abundan en sus rasgos de sensibilidad, qué le ofrece la sensibilidad como persona creativa (como pintor, escritor, etc.) y cómo nota las cosas cuando todos los demás no pueden (en casa, en el lugar de trabajo y como un líder). Sabe cómo influir en las personas y abrirlas a su vulnerabilidad, enseñar a las personas cómo conectarse con sus corazones, mentes y sacar algo hermoso de todo esto, para uno y para el mundo, y cómo esto equivale a grandes contribuciones.

Vivimos en un mundo que es duro e implacable, con mucha "falta de amor". Es una de esas pocas personas con amor para todos. Esta cualidad hace que los padres sean ideales, y en un mundo donde la paternidad es cada vez más desafiante, las PAS son padres buenos y considerados, ya que pueden conectarse mentalmente con sus hijos y colmarlos de amor incondicionalmente. Como persona altamente sensible, es probable que la paternidad y la orientación sean su fuerte, y el mundo depende de personas como usted para crear un lugar más compasivo y comprensivo.

Habiendo señalado las ventajas y ventajas que tienen, es pertinente examinar los muchos desafíos que enfrentan en un mundo lleno de personas que no comprenden la sensibilidad. Entre estos desafíos se incluyen:

1. Ser un llanero solitario en un mundo complejo: Caminar solo lo ayuda a interiorizar los acontecimientos de su entorno y a pensar y formular nuevas ideas. Sobre todo, sabe cómo generar inspiración y disfrutar de la intensidad de la vida. Esto es lo que les ofrece el rasgo de la sensibilidad. Lamentablemente, la sociedad y sus ideologías muestran a la sensibilidad como una debilidad y los demás no siempre reconocerán su valor. La dificultad para comprender cómo tratar, comprender o relacionarse con las PAS se ha convertido en un gran problema.

Por tanto, debido a que algunas personas no los entienden, los dejan a un lado. A veces incluso los hacen sentir menos importantes, débiles o les cuestionan: "¿Por qué eres así?". El individuo sensible podría entonces acostumbrarse a ser un solitario, aunque puede ser bueno para disfrutar de la intensidad de la vida, explorar solo y crear y encontrar nuevas ideas. Esto los hace sentirse incómodos y aislados socialmente. Si no se tiene cuidado, es posible que se vuelvan solitarios durante toda su vida y, finalmente, se depriman o se sientan fuera de la sociedad.

2. Falta de comprensión: Si a todas las PAS se les preguntara "¿Qué desearías que fuera diferente acerca de cómo te trataron cuando eras más joven?". Mostrar sensibilidad ante la difícil situación de las personas altamente sensibles le ayudará a usted, y a otros, a comprenderlos mejor y tratarlos mejor. Considere lo que sienten e inclúyalos en los procesos de toma de decisiones. Necesitamos personas más bondadosas y sensibles en este mundo, no más personas que vean la sensibilidad como algo anormal e insignificante.

3. Las miradas de sorpresa: Como PAS en un mundo dominado por personas insensibles, automáticamente tiene la tarea de minimizar sus reacciones a las cosas que las personas insensibles perciben como normales. Su reacción a muchos de estos escenarios puede provocar una mirada interrogante de quienes lo rodean, y eso puede provocar una situación incómoda. Debe enfrentar esto; prepárese para miradas de sorpresa cuando reacciona de manera diferente a ciertas cosas. Es la debilidad del espectador, no *la suya*.

4. Ser catalogado como antisocial o aburrido: Las PAS naturalmente evitan muchas situaciones debido a su sistema de respuesta altamente estimulado, siendo catalogadas como antisociales debido a su preferencia por los momentos en soledad. Cuando una PAS está rodeada de familiares y amigos, este rasgo se magnifica aún más. Recuerde, esos momentos tranquilos son importantes para usted y su salud.

5. Puede sentirse curioso: Debido a su naturaleza altamente sensible, a menudo conoce los pensamientos, sentimientos y estados de ánimo de las personas. Su naturaleza amistosa y cariñosa puede hacer que haga preguntas con la esperanza de ayudar a la persona a aliviar sus problemas. Aunque puede leer las expresiones incorrectamente, sus preguntas y curiosidad sobre lo que está mal con un amigo pueden verse como entrometidas. Le resulta difícil dejar de lado sus pensamientos sobre los sentimientos de las personas perplejas o con problemas, y cada vez que intenta evitarlo, lo más probable es que su conciencia lo persiga y lo impulse a regresar para asegurarse de que esa persona esté bien.

A menudo, las PAS son objeto de consejos sobre relaciones o consejos de vida en general porque otros acuden a ellos en busca de ayuda sobre sus vidas. Sin embargo, cuando llega el momento de que una PAS se enfrente a sus demonios, parece que no hay nadie alrededor. Puede escuchar los problemas de otras personas, pero nunca debe olvidar que también tiene los suyos propios.

En una nota final, merece ser respetado. Tiene su posición y siempre contribuye con su intelecto e ideas innovadoras para desarrollarse dentro de cualquier situación en la que se encuentre. Su perfil tranquilo y apacible no suele llamar la atención. Más bien, se les detecta cuando contribuyen con ideas o cuando resuelven un problema general, pero luego se puede revelar que su distancia de la situación fue por un muy buen propósito.

Hable cuando se tomen decisiones *por* usted que no incluya sus intereses. Puede estar cayendo en manos de matones y manipuladores.

Su alta sensibilidad es sin duda una bendición; aun así, recuerde que la mayoría de las cosas grandiosas no son fáciles. Hacer frente a los matones y estas condiciones es un desafío, pero también la forma de asegurar su posición y el respeto que la acompaña.

No todo el mundo entenderá su personalidad o por qué parece indeciso sobre las cosas. Todos piensan de manera diferente. Una vez que haya tomado su decisión, o incluso una sugerencia, avance con valentía y apóyela. Si constantemente se muestra débil (o silencioso), la gente ya no buscará sus opiniones. Cuando usted *decida hablar*, espere el respeto que merece.

Conclusión

Las PAS tienen mucho que ganar y dar a su entorno mientras mantienen un estilo de vida sano. Habiendo considerado los diversos rasgos comunes y los posibles sentimientos que experimenta como persona altamente sensible (así como las nuevas formas de reaccionar a las situaciones que crea), está preparado para establecer un "nuevo yo" que se relacione mejor con personas que le rodean y perciba las situaciones de una manera saludable, libre de pensar demasiado y otros hábitos que agotan la mente.

Considere y reconsidere los conocimientos proporcionados aquí, que abarcan varios aspectos de la vida humana, como las mascotas, la naturaleza, la crianza de los hijos y los niños.

Ahora que comprende mejor a las PAS y cómo las perciben los demás, puede ajustar su comportamiento y reacciones, sabiendo que de hecho es una persona especial con mucho que ofrecer a quienes conoce. Además, tenga la seguridad de que sus conocimientos y sensibilidades son una bendición, no una maldición. ¡Utilícelas sabiamente!

Vea más libros escritos por Mari Silva

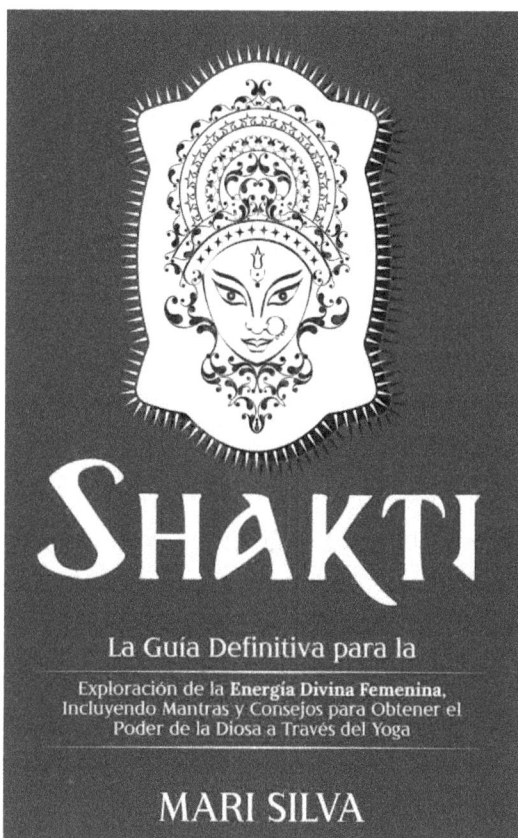

Referencias

10 Life-Changing Tips for Highly Sensitive People. (23 de julio de 2015). Marc and Angel Hack Life. https://www.marcandangel.com/2015/07/22/10-life-changing-tips-for-highly-sensitive-people/

Best Careers for Introverts, HSPs, and Other Sensitive Souls | Val Nelson. (11 de abril de 2018). Valnelson.com. https://valnelson.com/introvert-power/best-careers-for-introverts-hsps-and-other-sensitive-souls/

Brooks, H. (29 de junio de 2020). *19 Ways Being a Highly Sensitive Person Affects Your Love Life.* IntrovertDear.com. https://introvertdear.com/news/highly-sensitive-person-relationships-affects/

Elaine. (25 de febrero de 2016). *Suicide and High Sensitivity – The Highly Sensitive Person.* Hsperson.com. https://hsperson.com/suicide-and-high-sensitivity/

Highly Sensitive People Can Change The World — If We Let Them. (6 de agosto de 2015). The Odyssey Online. https://www.theodysseyonline.com/highly-sensitive-people-change-world

How Highly Sensitive People Can Change the World for the Better. (12 de julio de 2016). My Libertarian Lifestyle. https://mylibertarianlifestyle.wordpress.com/2016/07/12/how-highly-sensitive-people-can-change-the-world-for-the-better/

How to Help Highly Sensitive Employees Thrive. (8 de diciembre de 2015). The Good Men Project. https://goodmenproject.com/featured-content/how-to-help-highly-sensitive-employees-thrive-dsh/

Is Your Child Highly Sensitive? – The Highly Sensitive Person. (sin fecha) Hsperson.com. Obtenido de https://hsperson.com/test/highly-sensitive-child-test/

26 de enero, dancingmoonlavendar, & Pm, 2017 a las 11:13. (11 de abril de 2016). *Empath Or Highly Sensitive: Which One Do You Think You Are?* Mind Journal. https://themindsjournal.com/are-you-an-empath-or-hsp/

jenngranneman. (13 de diciembre de 2019). *21 Signs You're a Highly Sensitive Person.* Highly Sensitive Refuge. https://highlysensitiverefuge.com/highly-sensitive-person-signs/

Mayo. 31, S. A. |, & 2020. (31 de mayo de 2020). *The 10 Best Dogs for Highly Sensitive People.* PureWow. https://www.purewow.com/wellness/dogs-for-highly-sensitive-people

Psychology Today Canada: Health, Help, Happiness + Find a Therapist CA. (2019). Psychology Today. https://www.psychologytoday.com

Renzi, M. N. (7 de agosto de 2017). *8 Special Superpowers of Highly Sensitive People.* Melissa Noel Renzi. https://melissanoelrenzi.com/highly-sensitive-people-superpowers/

Romantic Relationships with a Highly Sensitive Person (HSP). (4 de noviembre de 2016). Exploring Your Mind.

https://exploringyourmind.com/romantic-relationships-highly-sensitive-person-hsp/

Schwanke, C. (sin fecha). *Careers for Highly Sensitive People.* LoveToKnow. Obtenido de https://jobs.lovetoknow.com/careers-highly-sensitive-people

Tanaaz. (22 de mayo de 2015). *Are You An Empath or Just Highly Sensitive?* Forever Conscious. https://foreverconscious.com/are-you-an-empath-or-just-highly-sensitive

The 5 greatest tips for highly sensitive people to thrive in life. (sin fecha) Hisensitives.com. Obtenido de https://hisensitives.com/blog/the-5-greatest-tips-for-highly-sensitive-people-to-thrive-in-life/

The 7 Best Careers for a Highly Sensitive Person. (8 de agosto de 2018) Highly Sensitive Refuge. https://highlysensitiverefuge.com/highly-sensitive-person-careers/

The Difference between HSP, Empath, & Clairsentient. (19 de octubre de 2016). Jennifer Soldner. http://www.jennifersoldner.com/2016/10/hsp-empath-or-clairsentient.html

The Differences Between Highly Sensitive People and Empaths. (sin fecha) Psychology Today. Obtenido de https://www.psychologytoday.com/us/blog/the-empaths-survival-guide/201706/the-differences-between-highly-sensitive-people-and-empaths

THE PROS AND CONS OF BEING HIGHLY SENSITIVE. (22 de octubre de 2015). The Daily Guru. https://www.thedailyguru.com/being-highly-sensitive/

The Special Connection Between Highly Sensitive Kids and Pets. (2 de enero de 2019). Highly Sensitive Refuge. https://highlysensitiverefuge.com/highly-sensitive-children-pets/

Understanding highly sensitive children. (sin fecha) Focus on the Family. Obtenido de https://www.focusonthefamily.ca/content/understanding-highly-sensitive-children

Zinc Deficiency And The Highly Sensitive Person. (3 de abril de 2017). Journey Thru Wellness. http://journeythruwellness.com/zinc-deficiency-highly-sensitive-person/